互联网+ 全媒体

高等职业教育艺术设计类专

交通工具
外形设计

WUHAN UNIVERSITY PRESS
武汉大学出版社

主　编　王华杰　徐　健
副主编　陈　振　叶立隆　常　冰

图书在版编目(CIP)数据

交通工具外形设计/王华杰,徐健主编.—武汉:武汉大学出版社,2022.10
高等职业教育艺术设计类专业系列规划教材
ISBN 978-7-307-22847-4

Ⅰ.交⋯ Ⅱ.①王⋯ ②徐⋯ Ⅲ.交通工具—外观设计—高等职业教育—教材 Ⅳ.U

中国版本图书馆 CIP 数据核字(2022)第 014015 号

责任编辑:邓 瑶 责任校对:容 洁 装帧设计:吴 极

出版发行:**武汉大学出版社** (430072 武昌 珞珈山)
(电子邮箱:whu_publish@163.com 网址:www.stmpress.cn)
印刷:武汉雅美高印刷有限公司
开本:880×1230 1/16 印张:13.75 字数:324 千字
版次:2022 年 10 月第 1 版 2022 年 10 月第 1 次印刷
ISBN 978-7-307-22847-4 定价:88.00 元

前言

交通工具外形设计受到内、外部多种因素的影响。外部因素包括产业政策、经济、社会和技术等方面，内部因素包括功能和美学等方面。在设计的过程中，需要处理好这些复杂因素之间的关系，平衡好各个因素之间的关系。交通工具设计师需要具备设计调研、产品策划、创意表现、三维数据建模和模型制作等各项能力，本书旨在使学习者了解或掌握设计流程，具备相关的设计能力，为成为一名合格的设计师做好准备。

为了更好地让读者了解交通工具设计的流程和方法，本书精选了目前最常见的产品作为案例，包含两轮平衡车、概念自行车、电动车、城市客车、越野车和卡车等主流交通工具。大部分案例来自企业的真实项目，保证了案例的高品质和时效性，使读者能感受到真实的企业设计过程。东风襄阳旅行车有限公司高级工程师陈振完成了第一章、第二章的编写，两轮平衡车设计项目由上海工艺美术职业学院徐健老师完成，概念自行车设计案例来自德国的企业项目，电动车设计项目由华日控股集团有限公司的叶立隆完成，城市客车设计项目由上海工艺美术职业学院王华杰完成，浙江合众新能源有限公司常冰、侯轩和方梁荣完成了越野车设计项目，卡车设计案例由中国第一汽车集团有限公司汪连栋完成。此外，王华杰和徐健负责整合全书的资源，让所有的项目安排更加符合学生的学习习惯；上海工艺美术职业学院产品艺术设计专业邱秀梅主任、向进武老师为教材提出了宝贵的意见。

感谢余思睿、沈家浩、孙启发、黄晓丽、周义和郭恒佳为本教材的出版做了大量的工作。

由于时间仓促，加之编者水平有限，书中难免有不妥之处，还请读者批评指正。

编　者
2022年8月于上海

目 录
CONTENTS

目 录
CONTENTS

数字资源目录

TRUCK

POLICE SUV

BICYCLE

SUV

SCHOOL BUS

SPECIAL ADAPTATION

CITY TRAM

SUBWAY TRAIN

SMALL CAR

CITY BUS

POLICE CRUISER

MOTORHOME

REGULAR CAR

SCOOTER

BIKE

1. 交通工具基础知识

⭐ **学习目标**

① 掌握交通工具设计的一般知识、交通工具的分类;

② 通过对交通工具的调查了解和设计思考, 培养学生面向现实、展望未来的设计意识;

③ 了解交通工具的发展史和发展趋势。

⭐ **学习重难点**

① 掌握交通工具的分类标准;

② 理解交通工具的发展趋势。

交通工具基础知识解读

1.1

交通工具的发展史

　　交通行业是指从事旅客和货物运输及语言和图文传递的行业，包括运输和邮电两个方面。交通工具是指用于运输人或物的装置，包含人类代步工具。

　　自从人类开始学会制造工具以后，随着人类智力水平的提高，以及对交通的各种需求的增加，越来越多的交通工具被人类发明创造。从最初的以畜力为动力的交通工具，到现代化的高科技交通工具，速度更快，运载量更大，给人类的生活带来极大的便利。

　　时代的变迁和科学技术的进步，促进交通工具不断发展、变化，其发展历程大致可以分为三个阶段：

（1）第一阶段——初始发展阶段

　　人类在最初只能依靠自己的双腿来满足交通的需求，自从能够驯养一些动物后，才将牛、马等动物作为交通工具。后来随着手工制造水平的提高，人类发明了更为舒适的人力轿子和牛车、马车等交通工具。

　　除此之外，人类依靠聪明的头脑，学会了制造以自然力为动力的交通工具，比如利用水力的木船、利用风力的帆船等。这些以人力、畜力和自然力为动力的交通工具，经过了漫长的发展历程，在人类历史上占据了很长一段时间。

（2）第二阶段——工业革命发展阶段

　　18世纪60年代开始的第一次工业革命，开启了以机器代替手工劳动的时代，是技术发展史中的一次巨大革命。以英国发明家詹姆斯·瓦特改良蒸汽机为契机，蒸汽机作为动力机得到迅速推广和发展，人类社会由此进入"蒸汽时代"。

　　随着蒸汽机的发展和普及，先辈们开始发明采用蒸汽机作为动力源的交通工具，其中以蒸汽轮船和蒸汽机车最具代表性。1807年，美国工程师罗伯特·富尔顿发明的"克莱蒙特号"试航成功，标志着船舶发展进入一个新的时代；1825年，英国发明家乔治·史蒂芬逊的"旅行者号"机车试运行成功，宣告陆地上铁路时代的到来。

　　以蒸汽机为动力机的交通工具，推动了交通运输的空前发展，是现代化交通运输的发展基础。随着科学技术的创新和对新能源的利用，以煤气和石油为燃料的内燃机应运而生，并逐步被应用于交通工具。19世纪中期，科学家完善了通过燃烧煤气、汽油或柴油等产生的热转化机械动力的理论，为内燃机的发明奠定了基础。1886年1月，由德国工程师卡尔·本茨发明的汽油内燃机车"奔驰一号"，被公认为世界汽车发明的标志。直至20世纪初期，以柴油机和汽油机为动力机的内燃机交通工具才初步替代蒸汽机交通工具。

内燃机的出现，促使交通工具进入飞速发展阶段，特别是在20世纪，随着技术的日新月异，各式各样的交通工具被发明创造，人类实现了飞天入海的梦想。陆地上，种类繁多的汽车满足人们不同的交通需求；海洋里，大型轮船承载着远距离的货物运输；天空中，快捷高效的飞机"缩短"了空间的距离。

（3）第三阶段——当代多元化科技发展阶段

进入21世纪后，虽然以内燃机为动力机的交通工具仍然是当代社会交通工具的主流，但随着石油能源的日益减少和大气环境的严重污染（内燃机制造的空气污染和噪声污染），新能源汽车应运而生。2009年3月，国务院办公厅下发的《汽车产业调整和振兴规划》将新能源汽车提升至战略位置。2012年和2020年又分别颁布了《节能与新能源汽车产业发展规划（2012—2020年）》《新能源汽车产业发展规划（2021—2035年）》。截至2018年底，全球新能源汽车保有量突破550万辆，其中我国占比超过53%，走在了全球市场的前列，成为名副其实的新能源汽车大国。

当然了，由于电动汽车的各项技术指标还不甚成熟，各国政府也在摸索和探讨各种新能源汽车模式，除电动汽车外，也在逐步发展混合动力汽车、氢燃料汽车。从全球新能源汽车的发展来看，其动力电源主要包括锂离子电池、铅酸电池、镍氢电池、燃料电池等。特定的历史时期，成就了现阶段科技发展的多元化。特别是近几年，随着电子信息化的发展，电动化、智能化、网联化、共享化成为现代交通工具的设计主流。未来的几年，随着5G技术的普及，无人驾驶汽车会得到大力发展，日常乘坐的地铁、动车、高铁也将更加完善、更人性化。

新能源交通工具，是历史发展的必然产物，虽然当下仍处在初期发展阶段，但随着科技的进步和各国政府的引导，新能源汽车可能会替代燃油车成为主流的交通工具。目前，全球已经有不少国家（地区）公布了禁售燃油车的时间，见表1-1。

表1-1　各国（地区）禁售燃油车的时间

燃油车禁售国家（地区）	实施时间
荷兰	2025年
挪威	2025年
德国	2030年
印度	2030年
美国加州	2030年
中国海南	2030年
英国	2040年
法国	2040年

　　其实，电动车比内燃机汽车出现得更早。1821年，英国物理学家、化学家迈克尔·法拉第在丹麦物理学家奥斯特发现电流磁效应的基础上，发明了第一台使用电流使物体运动的简单装置，可以说它是现在电动机的鼻祖。1831年，法拉第又发现了电磁感应定律，电与磁的相互转化为电动车的发展奠定了理论基础。1834年，美国人托马斯·达文波特制造出第一辆直流电机驱动的电动车。1873年，英国人罗伯特·戴维森制造了用电池作为动力的可供使用的电动汽车。1881年，法国人古斯塔夫·特鲁夫制造了第一辆可充电的铅酸电池三轮车。

　　自从1859年法国物理学家加斯东·普兰特发明了可充电的铅酸电池后，电动车进入蓬勃发展时期，19世纪末20世纪初，电动车甚至能与内燃机汽车相抗衡。但电动车由于技术不成熟，以及高昂的价格，一直没有成为主流交通工具。后来，随着石油的大量开采、内燃机技术的提高和工业化流水线生产的发展，无论是车辆的续驶里程、销售价格，还是使用便利性，电动车都无法与内燃机汽车相比。于是，在20世纪20年代初内燃机汽车逐渐"一统天下"，电动车销声匿迹。直到20世纪90年代，因能源与环境的影响，电动车才重新进入人们的视野，在21世纪进入全新高速发展阶段。

　　交通工具发展史（大事记）见图1-1。

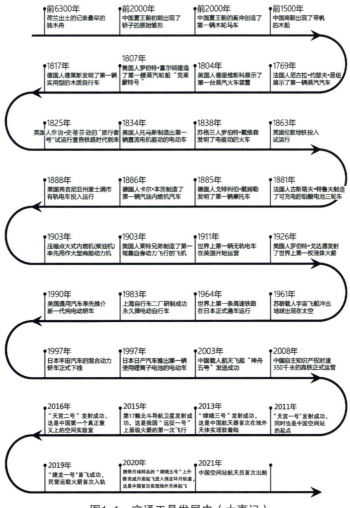

图1-1　交通工具发展史（大事记）

1.2 交通工具的分类

　　随着历史的变迁和科技的进步，交通工具也在不断发生变化，种类繁多，功能各异，以满足人类不同的交通需求。交通工具没有统一的分类标准，在不同的情况下，可以采用不同的标准进行分类。一般情况下，根据交通工具的使用环境将其分为水运交通工具、陆运交通工具和空运交通工具。

　　水运交通工具是指在水上或水中运行的交通工具，如人力板船、风力帆船、汽船、轮船、气垫船、游艇、救生艇、潜艇等；陆运交通工具是指在地上或地下运行的交通工具，如滑板车、人力车、马车、自行车、摩托车、汽车、火车、地铁、高铁等；空运交通工具是指在空中运行的交通工具，如热气球、滑翔机、直升机、喷气飞机、航班飞机、火箭、宇宙飞船等。

　　我们常说的船、车、飞机分别是以上三类交通工具的泛称，也是最典型的代表。每一类交通工具还可以依据其他标准进行细分。以如今陆地上最常见的汽车为例，按使用目的，汽车分为乘用车和商用车；按发动机布置形式，可分为前置、中置、后置驱动汽车；按用途方式，可分为轿车、客车、货车、特种车；按动力形式，可分为燃油车、燃气车、电动车、混动车、燃料电池车等。再比如，乘用车可分为轿车、跑车、越野车、商务车、吉普车、面包车、专用车等；商用车可分为皮卡、客车、卡车、货车、挂车、牵引车、特种专用车等；特种专用车又可分为警车、救护车、消防车、工程抢险车、油罐车、售货车、图书车等。

　　交通工具除了按水、陆、空进行大分类外，还有以下常见的分类标准，见表1-2。

表1-2　交通工具常见的分类标准

常见的分类标准	种类名称	示例
承载对象	载人交通工具	公共汽车、旅游大巴、地铁、动车、客机、客船、游艇等
	载物交通工具	卡车、油罐车、邮政车、火车、集装箱船、运砂船等
大小	大型交通工具	火车、动车、地铁、航班飞机、客轮、宇宙飞船、航空母舰等
	中型交通工具	公交车、出租车、厢货车、乌篷船、救生艇、直升机等
	小型交通工具	平衡车、自行车、摩托车、三轮车、独木舟、摩托艇等

常见的分类标准	种类名称	示例
历史发展	古代交通工具	独轮车、人力车、轿子、马车、牛车、拉纤船、芦苇船等
	现代交通工具	自行车、摩托车、汽车、火车、轮船、飞机等
	未来交通工具	飞行摩托、飞行汽车、超级高速列车、宇宙航行器、时空穿梭机等
有无动力装置	人（畜）力交通工具	滑板车、自行车、人力车、马车、爬犁、羊皮筏子、划桨船等
	机动交通工具	摩托车、客车、货车、有轨电车、电动汽车、蒸汽火车等
动力能源	燃油交通工具	轿车（汽油）、卡车（柴油）、飞机（航空煤油）等
	燃气交通工具	CNG汽车、LNG汽车、LPG汽车等
	电力交通工具	有轨电车、轻轨列车、地铁列车、高铁列车等
	双燃料交通工具	汽车（汽油/天然气、柴油/天然气、汽油/甲醇）
	新能源交通工具	纯电动汽车、增程式电动车、氢燃料电池车、太阳能汽车等

1.3

交通工具的发展趋势

在人类历史的长河中，先辈们依靠聪明才智，借助大量新兴的科学技术，促使交通工具不断演变与创新。从车轮的发明到马车的创造，再到今天司空见惯的汽车；从仅靠双腿行走，到驾驶工具远行，再到如今方兴未艾的自动驾驶，交通工具的发展和更新也越来越快。相比过去，现代的交通工具速度更快、运载量更大、式样更多，也更科技化、智能化。

为更好地满足生存和生活需求，未来的交通工具发展更倾向于安全化、环保化、舒适化、高速化、智能化及立体化。安全化是人类最根本的需要，是交通工具的设计要素之一；环保化是人类对地球的保护和对可持续性能源技术的追求，在未来，更廉价的太阳能、更安全的核能或更洁净、高效的未知能源将被应用到交通工具上；舒适化是人类对美好生活品质的追求，是交通工具不断完善的动力因素；高速化是提高交通出行效率的基本保障，未来的交通工具没有最快，只有更快；智能化是数字信息化技术和人工智能技术发展的体现，是人类文明的发展趋势，也是交通工具发展的必然趋势；立体化是地面交通的延伸发展，将交通运输引入地下或空中，缓解地面交通压力。

正如科幻影片中对未来交通工具的展望一样，也许在不远的将来，我们将会乘坐飞行汽车上下班，或乘坐真空超级列车环球旅行，甚至乘坐宇宙飞船进行太空观光等。又或许在遥远的未来，人类还能利用交通工具穿越时间和空间！

⭐ **拓展阅读**

对交通工具设计感兴趣可以检索以下相关的网址：

❶ www.cardesignnews.com

❷ www.carbodydesign.com

❸ www.netcarshow.com

❹ www.puxiang.com

❺ www.autohome.com.cn/shanghai/

对交通工具设计院校感兴趣可以检索以下相关的网址：

❶ 中国美术学院，https://www.caa.edu.cn/

❷ 中央美术学院，https://www.cafa.edu.cn/

❸ 同济大学，https://www.tongji.edu.cn/

❹ 清华大学美术学院，https://www.ad.tsinghua.edu.cn/

❺ 英国考文垂大学，https://www.coventry.ac.uk/

❻ 艺术中心设计学院，https://www.artcenter.edu/

⭐ **思考与练习**

❶ 影响交通工具分类的因素有哪些？

❷ 未来交通工具的发展趋势是什么？

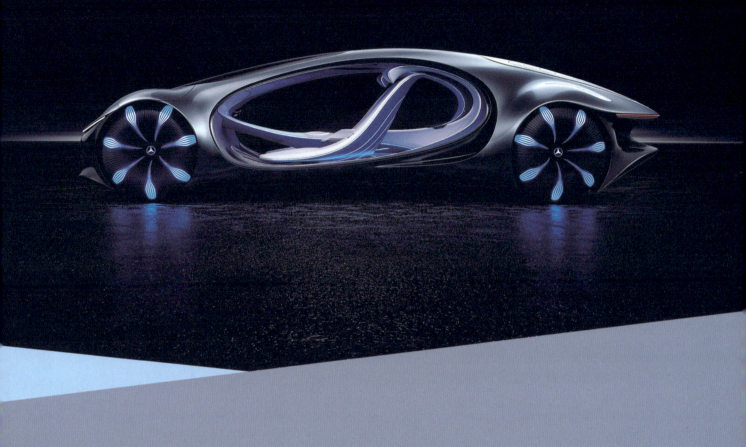

2. 汽车外形设计基础

汽车是重要的交通工具之一，为了更好地深入了解交通工具外形设计的技巧，本章以汽车外形设计任务为研究对象，详细解析汽车外形设计的相关概念和流程。

★ **学习目标**

① 了解汽车的分类和基本特征；
② 熟悉汽车外形设计的基本流程。

★ **学习重难点**

① 掌握不同类型汽车的用途和特点；
② 掌握汽车外形设计程序。

汽车外形设计基础解读

汽车的分类

2.1.1 轿车

轿车是指用于载送人员及其随身物品，且座位布置在两轴之间的汽车（图2-1）。包括驾驶者的座位在内，座位数不超过九个。一般轿车强调的是舒适性，以乘员为中心，而且从经济性出发，选择马力适中、排量小、耗油量小的发动机。

图 2-1　轿车

轿车可以分为小型轿车、中型轿车和大型轿车。在外观上，轿车可见明显长度的车头与车尾，以及乘客厢，因此可从外形上清晰分辨出引擎室、人员乘坐室、行李舱。因外形类似古代轿子（乘客厢前后有长握柄），故名"轿车"。轿车可分为以下几类。

（1）普通轿车

普通轿车车身为封闭式，侧窗中柱可有可无。车顶为固定式、刚性结构，有的车顶可部分开启。至少有两排座，有四个或四个以上座位。有两个或四个侧门，后部有一个舱门，有四个侧窗。

（2）高级轿车

高级轿车车身为封闭式，前后排座之间可设隔板。车顶为固定式、刚性结构，有的车顶可部分开启。至少有两排座，有四个或四个以上座位，在后排座的前面可安装折叠式座椅。有四个或六个侧门，也可有一个后门，有四个或四个以上侧窗。

（3）旅行轿车

旅行轿车车身为封闭式，车身后部形状按提供较大的内部空间设计。车顶为固定式、刚性结构，有的车顶可部分开启。至少有两排座，有四个或四个以上座位，一排或多排座椅，可拆除或装有向前折叠的靠背，以提供装货平台。有两个或四个侧门和一个后门，有四个或四个以上侧窗。

（4）活顶轿车

活顶轿车本身为开放式，车身侧围框架为固定式、刚性结构。车顶为篷布或金属硬顶，能够折叠或移动。至少有一排座，两个以上座位。有两个或四个侧门，两个或两个以上侧窗。

轿车也可按其他标准进行分类。比如，以价格为主、技术规格为辅，即将20万元以上的轿车称为中高级轿车，15万～20万元的轿车称为中级轿车，10万～15万元的轿车称为普通级轿车，10万元以下的轿车称为微型轿车或经济型轿车。以发动机排量来衡量轿车的等级，可将轿车划分为微型轿车（排量为1L以下）、普通级轿车（排量为1.0～1.6L）、中级轿车（排量为1.6～2.5L）、中高级轿车（排量为2.5～4.0L）、高级轿车（排量为4L以上）。

2.1.2 跑车

跑车属于一种低底盘、线条流畅、动力突出的汽车类型（图2-2），其最大特点是追求速度极限。跑车的特点是动力出色、外形动感、线条流畅。跑车的分类有多种方式，按车身结构可分为轿跑、敞篷跑车、双门跑车，按价值可分为平民跑车、超级跑车。

图 2-2　跑车

跑车旨在"把赛车运动带入家庭生活"，它的问世给了很多痴迷于赛车运动的普通人体验赛车的机会，所以跑车可以被理解为"赛车的民用版"，富有运动性。传统跑车的车身为双门式，即只有左右两个车门，双座或2+2座（两个后座特别狭窄，如保时捷911），顶盖为可折叠的软质顶篷或硬顶。跑车通常设有两个座位，车身轻便，而其发动机的功率一般又比普通轿车发动机的功率大，所以加速性好，其车速也较高。

设计跑车时，尤其需要考虑操控性。由于跑车车身低矮，通过性较差，而越高级的跑车，此特点越明显。前置发动机式跑车的车头较长，后面的行李箱较小；后置和中置发动机式的跑车甚至没有行李箱，只是在车头的前盖下面留有一个能放备胎的小空间。

市场上的跑车可分为三大类：一是价格昂贵、速度性能极佳的高档跑车，如布加迪、帕加尼、科尼赛克的全款车型，也包括法拉利、玛莎拉蒂、兰博基尼的部分车型；二是中高档的跑车，这类车型的舒适性往往优于其动力，以奔驰SLK、宝马Z4、奥迪TT为代表，保时捷、路特斯、日产370Z亦归入此类；三是价格相对亲民的跑车，一般更加注重外形的塑造，如马自达MX-5、大众尚酷等车。

跑车车型一般可分为如下几类：

（1）小钢炮

小钢炮是车迷对车身紧凑、动力强劲的车型的戏称，通常为两厢车或小型越野车。百公里加速时间可缩短至4s。代表车型有宝马M135i、奥迪S1、大众尚酷R、奔驰A45 AMG、日产Juke Nismo、本田思域Type R、福特福克斯RS、奥迪RS3 Sportback等。

（2）小跑车

小跑车又称平民跑车。其价格便宜，动力性能并不突出，易于驾驶，例如宝马2系、现代劳恩斯酷派、丰田86、丰田杰路驰、三菱EVO、MINI Coupe、标致RCZ、起亚Shuma等。这里的"小"并非就车身尺寸而言，而是指低廉的价位、温和的动力系统和略显局促的驾乘空间。

（3）肌肉车

肌肉车一般是指典型的美式跑车。它拥有大排量自然吸气或者机械增压的V8发动机，以及庞大的车体和极差的操控性，由后轮驱动，适合高速巡航。传统意义上的肌肉车已经绝迹，目前被称为肌肉车的美国车一般是Pony Car（可以理解为入门级的肌肉车），不仅有高性能的V8发动机，还提供了V6发动机的选择，操控性得到大大改善，如福特野马、雪佛兰科迈罗、道奇Charger等。德国AMG公司致力于生产具有大排量机械增压的V8发动机或后轮驱动特性的车型，因此该公司生产的车被戏称为"欧洲肌肉车"。

（4）敞篷跑车

敞篷跑车通常是指通过电动控制或手动拆装，可实现顶篷开启、闭合的跑车。代表车型有奔驰SLK、大众EOS、马自达MX-5、标致308CC、凯迪拉克XLR、保时捷Boxster、保时捷911 Cabriolet系列、迈凯轮650S Spider。敞篷跑车也指本身就不含顶篷的跑车，如兰博基尼Aventador J、阿斯顿·马丁CC100。

（5）GT跑车

GT跑车是适合长距离公路驾驶的大尺寸跑车，拥有舒适的驾乘环境，配置丰富。座位的个数为2～5个不等。由于车身质量、动力调校等因素，GT跑车在性能方面相较超级跑车略显不足。这一车型的著名代表有阿斯顿·马丁Vanquish、DB9、DBS、Virage、Rapide，捷豹XK，宾利欧陆，宝马M6，玛莎拉蒂GT，奔驰S63 AMG Coupe，法拉利FF等。

（6）性能跑车

性能跑车是跑车家族的主力军。根据车型定位，性能跑车介于平民跑车与超级跑车。其线条流畅，动力充沛，售价基本处于80万至650万元人民币的范围内，最高速度或可达300km/h。代表车型：法拉利458 Italia、法拉利California、阿斯顿·马丁V12 Vantage、兰博基尼Huracan、兰博基尼Gallardo、奥迪R8GT、保时捷911 GT3、奔驰SL65 AMG、捷豹F-type、日产GT-R、雷克萨斯LF-A、世爵C8、玛莎拉蒂GTS、迈凯轮650S、路特斯Exige、路特斯Evora。

（7）超级跑车

超级跑车是拥有高强动力输出、出众外形的跑车，价格一般高达千万元，最高速度至少可达340km/h。超级跑车基本只含两个座位。著名的有法拉利LaFerrari、法拉利Enzo、兰博基尼Veneno、兰博基尼Reventon、McLaren F1、迈凯轮P1、布加迪威龙、帕加尼Zonda、帕加尼Huayra、科尼赛克Agera、科尼赛克CCXR、奔驰SLR、保时捷918 Spyder、玛莎拉蒂MC12、阿斯顿·马丁one-77、阿斯顿·马丁Vulcan等。

2.1.3 越野车

越野车简称SUV（Sport Utility Vehicle），是一种为越野而特别设计的汽车（图2-3）。其主要特点是四轮驱动，拥有较高的底盘、较好抓地性的轮胎、较大的马力和粗大结实的保险杠。越野车不但可以适应各种路面状况，而且给人一种粗犷豪迈的感觉，因此在城市里，也有很多人喜欢开越野车。

图2-3　越野车

越野车是军用汽车大家族中的成员，大多具有一定的越野行驶能力。也就是说，这些汽车能在质量很差的路面或者根本没有路的地区和战场上行驶，因而有着能"吃苦耐劳"的本领。后来，为了满足作战的需要，又出现了一种越野能力更强的军用汽车，它就是通常所说的军用越野汽车。根据载重能力，可对越野汽车进行分类。其中，载重能力强的，叫作重型越野汽车；载重能力弱的，叫作轻型越野汽车；而居于轻、重型越野汽车之间的，叫作中型越野汽车。

2.1.4 货车

货车，即载货汽车，又称作卡车，指主要用于运送货物的汽车，有时也指可以牵引其他车辆的汽车，属于商用车辆类别（图2-4）。一般可依照车的质量分为重型和轻型两种。绝大部分货车以柴油引擎作为动力来源，但有部分轻型货车使用汽油、石油气或者天然气。

图2-4　各种货车

卡车是运载货物和商品的一种汽车形式，包括自卸卡车、牵引卡车、非公路和无路地区的越野卡车，以及各种专为特殊需要制造的车辆（如机场摆渡车、消防车、救护车、油罐车、集装箱牵引卡车等）。

事实上，我国对货车的分类角度比较多元，有按总质量分类的，也有按发动机的排气量分类的。《汽车和挂车类型的术语和定义》（GB/T 3730.1—2001）将货车归入商用车大类，并将其细分为普通货车、多用途货车、全挂牵引车、越野货车、专用作业车、专用货车。

货车的分类如下：

（1）半拖车

半拖车指引擎操作室与车体本身可分离亦可通过工具连接之车辆，其加挂部分一般统称板架、拖架或半拖车架（如货柜车辆）。

（2）全拖车

全拖车为一般货车或半拖车加挂后，再加挂板架、拖架或半拖车架。加挂后的车辆因其回转半径加大，驾驶后视死角亦加大，所以有部分地区会将全拖车列入特殊车辆（如世界著名的澳大利亚公路火车）。

（3）沙石车

沙石车又称泥头车，也称土方车，一般主要用来运送泥头和建筑废料，也用来运送煤、矿石等。

（4）搅拌车

搅拌车被当作建筑领域用来运送混凝土的专用卡车。由于它的外形像田螺、橄榄，也常被称为田螺车、橄榄车。这类卡车上都配置圆筒形的搅拌筒以运载混合后的混凝土，且在运输过程中会始终保持搅拌筒转动，以保证所运载的混凝土不会凝固。

2.1.5 客车

客车按总体结构可分为单车和列车（图2-5）。单车是基本车型，按客车总重或设置座位数常分为大、中、小型。我国单体客车的长度一般不超过12m。客车列车的车厢和车架分为前后两节。两节车架用铰接盘连接，两节车厢用活动褶篷连接，使车厢前后相通，故又称为铰接式或通道式客车，我国客车列车的长度一般不超过18m。

客车按用途可分为旅行客车、城市客车、公路客车和游览客车。

旅行客车是一种小型客车，座位数不超过17个。根据其外观形状，俗称"面包车"。旅行客车机动灵活，有较高的乘坐舒适性。

城市客车是行驶于城区和城郊道路的大型客车，其中最常见的是城市公共汽车。车厢中除设有座位外，还有供乘客站立和走动的较宽通道。有的城市公共汽车的车厢分上、下两层，上层全部设座位，下层有座位和站位。双层客车较单层客车的载客数多，但重心较高，行驶稳定性较差。

图2-5　客车

公路客车是行驶于城市间或乡镇间公路上的大型客车，可分为长途客车和短途客车。长途客车的运距达数百千米，车厢内全部设座位，并有存放乘客随身行李的行李架或行李仓。短途客车的运距仅数十千米，车厢内除设有座位外，还有站位。专门存放行李的仓架一般很小，甚至没有。

游览客车供游览、观光乘坐，具有座位间距较大、乘坐舒适和视野开阔的特点，档次较高的游览客车一般会安装通风、取暖和制冷设备。高级的长途游览客车还设有卧铺、卫生间、厨房和文娱室等。

2.1.6 专用车

在我国，根据《专用汽车和专用挂车术语、代号和编制方法》（GB/T 17350—2009），专用汽车的定义为："装置有专用设备，具备专用功能，用于承担专门运输任务或专项作业以及其他专项用途的汽车。"日本将专用汽车（亦称特种汽车）定义为装备有特殊装置的汽车。图2-6为各种专用车。专用车一般分为以下两种。

图2-6　几种具有代表性的专用车

一种专用车一般由公路用货运汽车改装而成，一般用于运输和完成各种不同作业。这种专用车的车厢有箱式、罐式、自卸式、仓式、格栅式和桁架式等形式，可运输不同性质、状态和要求的货物，如：液态、气态和散装粉状或颗粒状固态等货物，牲畜、家禽和鲜鱼等动物，要求保温、保鲜、冷冻冷藏的货物，剧毒、易燃和易爆的危险品，等等。在轿车产量大的国家中，还有配备双层架式车厢的可一次运送8～10辆轿车的专用车。

另一种专用车是从事专门作业的。为了达到不同目的，在这类车的底盘上加装相应的作业装备，如售货车、垃圾车、清扫车、洒水车、环境保护监测车、水泥搅拌车、自卸车、吸污车、吸粪车、高空作业车、冷藏车、起重运输车、广告宣传车、动力站车组、修理车、勘探车、油层压裂车、科学考察车、警车、消防车、飞机牵引车、加油车、充电车、空气压缩机车、救护车、医疗设施车、图书车、电视转播车、邮政电讯车和除雪车等。

2.1.7 概念车

概念车是一种设想并体现出某种新设计、新技术，具有消费导向作用但尚未推向市场的新车型（图2-7）。

概念车可以理解为未来汽车，一种介于设想和现实的汽车。汽车设计师利用概念车向人们展示新颖、独特、超前的构思，反映人类对先进汽车的梦想与追求。这种车往往只处在创意、试验阶段，也许不会投产，主要用于车辆的开发研究和开发试验，可以为探索汽车的外形、采用新的结构、验证新的原理等提供样机。

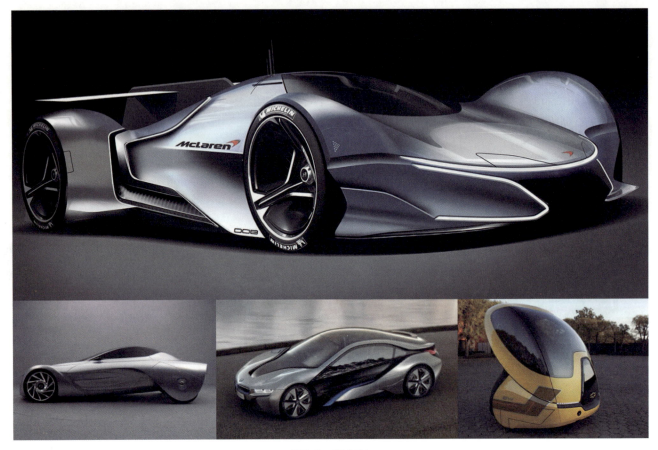

图2-7　概念车

　　与大批量生产的商品车不同，每一辆概念车都可以摆脱生产制造工艺的束缚，尽情地、夸张地展示自己的独特魅力。随着时代的发展，概念车已经从高科技、强动力走向低耗能、求环保，例如标榜零消耗、零污染的叶子概念车。

　　概念车可分为两大类：一类是能跑的真正汽车，另一类是设计概念模型。

　　第一类汽车采用先进技术，且已步入试验阶段并逐步走向实用化，一般在5年左右便可成为公司投产的新产品。

　　第二类汽车虽有更为超前的设计，但由于环境、科研水平、成本等因素，只是未来发展的研究设想。

2.2
汽车外形设计流程

　　首先，须确定具体车型，即计划生产什么样的汽车。其次，进行可行性分析，根据用户需求、市场情况、技术条件、工艺要求、成本等要素，预测产品是否符合用户需求，是否符合生产商的技术和工艺能力，是否对国民经济和企业有利。再次，拟定汽车外形设计的初步方案，通过绘制设计方案图和性能计算，选定汽车的技术规格和性能参数。最后，制定出设计任务书，其中写明对汽车的形式、各个主要尺寸、主要质量指标、主要性能指标以及各个总成的形式和性能等的具体要求。

　　汽车外形设计主要包括如下具体步骤：

　　（1）汽车总布置设计

　　总布置设计（又称初步外形），是将汽车各个总成及其所装载的人员或货物安排在恰当的位置，以保证各总成运转相互协调、人员乘坐舒适和货物装卸方便。为了保证汽车各部分之间的关系合理，在这个阶段需要确定许多重要的控制尺寸，需要绘制汽车的总布置图，绘出发动机、底盘各总成、驾驶操作场所、乘员和货物的具体位置及边界形状，也包括零部件的运动（如前轮转向与跳动）范围校核。经过汽车总布置设计，就可确定汽车的主要尺寸和基本形状。

　　（2）绘制效果图表现外形效果

　　外形设计师根据总布置设计所定出的汽车尺寸和基本形状，就可勾画出汽车的具体形象。效果图又分为构思草图和彩色效果图两种。构思草图是记录外形设计师灵感的速写画。彩色效果图是在构思草图的基础上绘制的较精细的汽车外形表现图，能够表达出准确的比例、透视关系，充分展示方案的质感和形体之间的关系。

　　彩色效果图包括车身效果图、内饰效果图和局部效果图，其作用是供选型讨论和审查。效果图的表现技法多种多样：可采用铅笔、钢笔，也可采用毛笔（水彩画或水粉画）等，而目前较流行的是混合技法——用马克笔描画、喷笔喷染以及涂抹、遮挡等同时表现技法，表现技法可不拘一格。

　　（3）制作缩小比例模型

　　缩小比例模型是在构架上涂敷外形泥雕塑而成的。外形泥是一种油性混合物，又称油泥，在常温下有一定硬度，涂敷前须经烘烤。缩小比例模型是在彩色效果图的基础上更进一步表达外形构思，具有直观的立体形象，要求比例严格、曲线流畅、曲面光顺。雕塑一个缩小比例汽车模型，需要从各个角度审视，并反复推敲、精工细雕。制作轿车缩小模型时，常用1∶5比例，亦即真车尺寸的1/5。英、美等国采用英制尺寸，采用的比例是3∶8。

（4）方案评审

经过初步设计，绘制出一批彩色效果图和塑制出几个缩小比例模型后，就可以召开选型讨论会。会议的目的是从若干个外形方案中选择一个合适的车型方案，作为技术设计的依据。选型讨论会主要讨论审美问题，但也涉及结构、工艺等方面，故通常由负责人召集外形设计师、结构设计师和工艺师等参加会议。选型讨论会结束，说明选定车型的外形构思基本成熟，汽车的初步设计亦结束。

（5）工程化及量产

根据前序流程确定的最终设计方案，工程设计团队进行结构和工艺的设计，形成详细的工程图纸。根据工程图，一般先用试制样车的方式来检验设计的缺陷，改进不恰当的设计方式。根据试制反馈，进一步完善设计方案，优化工程细节，最终实现车辆的量产。

图2-8展示了Volvo极星（Polestar）O_2概念车的设计过程。在确定汽车的基本参数、基本结构和基本性能后对汽车进行设计。从设计概念图、设计模型（数字模型和油泥模型）、设计样车（硬模）三个阶段，完整地体现了设计开发的流程。

通过该设计流程产生的设计方案可能只是一种参考方案或技术储备，但也有可能被纳入正式的产品开发规划，成为新一代车型的初步设计。

设计概念图

设计模型（数字模型、油泥模型）

设计样车（硬模）

图2-8　Volvo 极星（Polestar）O_2 概念车的设计过程

★ 思考与练习

❶ 汽车的种类有哪些？简述不同车型的外形特点。

❷ 简述汽车设计流程。

延伸阅读
——汽车的品牌和造型风格

3. 平衡车
设计

⭐ **学习目标**

① 熟悉平衡车的设计表现特点，加深对效果图表达的理解，提升图面表现的美学修养；

② 掌握市场调研的技巧，了解使用者、企业双方对平衡车产品的要求；

③ 培养学生的沟通协调和团队协作能力及解决实际问题的综合能力。

⭐ **学习重难点**

① 平衡车的结构和工艺特点；

② 平衡车设计流程和设计要素。

平衡车设计解读

平衡车产品分析研究

3.1.1 平衡车产品的特点

平衡车，又叫智能平衡车、体感车、思维车等，是一种新型的代步工具（图3-1）。它不需要专用的场地，无论是在马路、公园、庭院还是在室内均可使用。平衡车运动被医学界称为"益智运动"，通过全身肌肉运动，使身体处于活跃、轻松的状态，促进小脑的发育。长期骑平衡车可以锻炼平衡及神经反射能力，使肩、脊、腿、脚、腕等得到全面的锻炼，增强身体灵活性。随着环保意识的逐渐增强，低碳、绿色、环保、可随身携带的平衡车引起越来越多人的关注，已慢慢成为人们的代步工具、健身工具、娱乐玩具。

图3-1 平衡车

最先从事平衡车开发的是位于美国的Segway公司，它从2001年开始从事平衡车的开发，并于同年年底生产出第一辆原型车。Segway在2001年发布的第一款车，并不面向社会公众，而是被某国政府采购供护卫队使用。2002年，Segway才开始正式向普通用户出售平衡车，并快速受到追捧。

而平衡车真正进入我国是在2008年。它第一次出现在大众视野中是在2008年奥运会上，警卫人员巡逻时将Segway电动平衡车作为代步工具，之后就慢慢普及开来。如今，在某些综艺节目或者电影中都能看到平衡车的身影。现在在大街上平衡车也随处可见。值得一提的是，Segway公司目前已被中国的平衡车厂商Ninebot（小米生态链企业中的一员）全资收购，不过该品牌依然独立存在，毕竟它还有很大一批拥护者。

3.1.2 平衡车的分类

（1）独轮平衡车

独轮平衡车（图3-2）的可玩性更强，对使用者的平衡能力有一定要求，难度较高。平衡车爱好者一般会选择独轮平衡车。

图3-2　独轮平衡车

（2）双轮平衡车

双轮平衡车相对来说容易上手，适合平衡感相对较差的人，如图3-3所示。

图3-3　双轮平衡车

3.1.3 平衡车的结构与工作原理

平衡车的结构如图3-4所示，包括智能驱动、电源口、电量指示灯、转向指示灯、脚踏板、底盘保护盖等。平衡车的尺寸一般指轮毂尺寸，市场上常见的平衡车尺寸为6.5寸、7寸、8寸、9寸。

平衡车的工作原理主要是建立在"动态稳定"的基础上，利用平衡车内置的精密固态陀螺仪和加速度传感器来感应车体姿态的变化，并利用伺服控制系统，驱动电机进行相应的调整，以保持系统的平衡。

在供电方面，平衡车采用蓄电池供电，对环境完全无污染，因此绿色环保，并可以反复充电使用。而且电动机的运行效率高、噪声小，因此既节约了能源，也降低了噪声污染。

图3-4　平衡车的结构

3.1.4 平衡车市场调研与设计分析

（1）市场调研情况

在市场调研过程中，采用问卷调研的方法，对用户的性别、年龄、可承担的产品价格和功能需求等进行了调研和数据分析，结果如图3-5所示。经调研发现，"00后"的用户群体占全部用户的68.75%，呈现出以年轻人为购买主力的特点；男性用户远远多于女性用户。这些调研结果为后续的设计提供了参考信息。

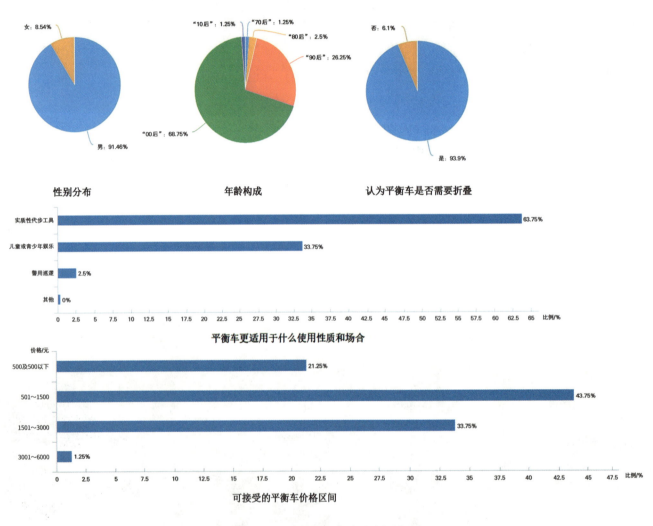

图3-5　用户调研问卷统计分析结果

在平衡车的性能方面，主要从消费者喜欢的产品类型、骑行方式、外形风格、功能等方面进行调研与分析，得出以下调查数据（图3-6）。

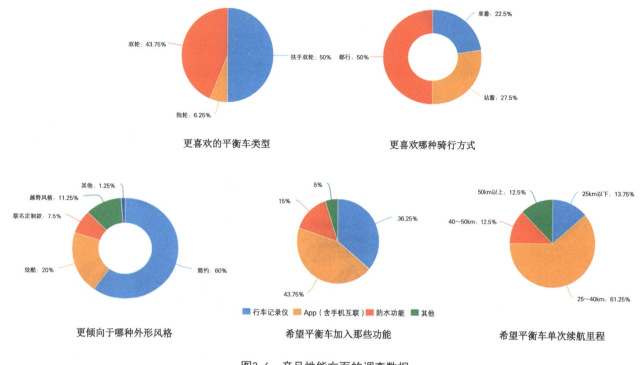

图3-6　产品性能方面的调查数据

平衡车这种新型的电动代步工具存在较大的安全隐患。经调研发现，不少消费者在行驶过程中因平衡车突然停止而摔倒，引起摔伤、脱臼、骨折乃至肋骨断裂。有交警称，独轮平衡车的最快时速可以达到30km，但没有刹车，如果在机动车道行驶，非常容易与机动车发生擦碰，会给骑车人造成严重的伤害，但在便道上行驶，又会严重威胁行人安全。因此，平衡车的安全问题是人们普遍担心的问题，所以有相当一部分人希望加入行车记录仪以防万一。

续航能力是第二大问题，大多数人希望平衡车加入与手机互通的App，以便看到公里数等使用信息，从而了解平衡车的续航能力。此外，大部分接受调查的人群希望平衡车一次能行驶25～40km。

（2）现有平衡车产品存在三个典型问题

①质量较大，携带不便。

②平衡车的安全隐患问题突出。

③续航能力不足。

（3）平衡车优化设计思路

①更换外壳材质，使外壳更轻便、更坚固，结构更加安全、可靠。

②给平衡车增加智能应急设备，谨防出现危险。

③增加放置电池的空间，可以配备更大容量的电池，获得更强的续航能力。

3.1.5 平衡车品牌分析

（1）小米

小米品牌最具代表性的九号平衡车外形体现时尚玩家设计要素，采用黑、白、灰作为基础色，简约流畅的流线型外形，装饰细节极具张力和运动感，并由LED蓝光体现产品的科技元素（图3-7）。它体积小，质量仅有12.8kg，支持手机蓝牙遥控，360°方向杆可灵活调整车速与方向；采用LG高功率电池组，内置电池为18650电池组，充满电续航能力约为22km，速度可达16km/h；配备两个直驱电动机，总输出功率高达700W，瞬时功率可超

小米平衡车

突出手机智能管理和时尚玩家设计要素

图3-7　小米平衡车

过2000W。左右两个轮均为驱动轮，总输出功率为700W，扭矩可以达到70N·m。可以翻越15°的斜坡。采用航空级镁合金骨架，15项安全技术，支持双轮自平衡，使用腿控制方向，而利用身体重心的变化作为驱动前进后退的方式，并有专门的配套护具作为可选配件销售，如轻巧坚固的梅花形定制头盔和经过人体工学设计的护掌、护膝、护肘套件。

（2）阿尔郎

阿尔郎平衡车通过灯光实时监控行驶数据，并且车身色彩时尚炫酷（图3-8）。其中，K3最具特色的是人机互动界面，其功能界面包括性能主界面、参数设置。内置车况诊断功能，如出现异常会自动报警，并提供解决建议，也可以通过手机对平衡车进行各种个性化设置。手机就是车钥匙，用手机锁车后移动平衡车，不仅车辆会振动并鸣笛报警，手机也会收到报警通知，并且能够显示当前车速。用户通过蓝牙遥控功能，可以将平衡车变成遥控车。

阿尔郎平衡车

通过灯光实时监控行驶数据，色彩时尚炫酷

图3-8　阿尔郎平衡车

3.1.6 平衡车的设计和发展趋势

（1）健康安全的代步工具

城市交通拥堵、环境污染严重等问题是目前普遍存在的问题，新能源代步工具无疑是未来发展的趋势和潮流。平衡车作为一种新产品逐渐被更多人用作短途代步工具、小范围代步工具。特别是人们广泛关注的平衡车上路权和安全问题，会随着产品的逐步完善、市场规模的扩大，以及政府的重视逐步得到解决。

（2）娱乐消遣多元化

例如，小米发布的九号平衡车被定位为玩具。从国外平衡车的消费用途来看，大部分偏向于娱乐用途，这说明该产品的用途可以多元化。未来将出现更多基于平衡车技术的玩具。

（3）智能化机器人

目前，一些企业将平衡车定义为机器人，融入物联网概念，使它更加智能化，并且可以运用于家庭、医疗、军事、救险等领域，使其拥有更丰富的外延功能，并且更加实用。未来，基于特定需要，将有多种形态的平衡车出现。

3.2

产品定位及创意表现

3.2.1 产品定位

通过比较和分析市场上的同级产品，我们发现市场上现有的产品，外形各异，有时尚精致的，也有冷峻硬朗的，但整体突破不大；传统与现代、简约与复古、大气与秀气之间都有分布。在综合各种风格之后，考虑家用平衡车应具备安全、美观、便携且续航能力高的特征，我们将"稳重、现代"作为产品风格定位（图3-9）。

图3-9　"稳重、现代"风格意向图

3.2.2 手绘草图

根据前面的设计分析，绘制出设计草图，并从中选出一款作为主推方案进行深化。这款方案最大的创新点是踏板并非传统形状，而是前端略突出呈现箭头形，该外形的作用在于提示产品的向前和向后的方向，也有向前的动势。另外，略微增加前方的宽度，增强使用者的心理安全感；在尖端下方增加一枚小轮子，这样从两轮变成三轮，三只轮子构成三角形，当人站上去的时候就更加稳定、平衡，安全性能得到大幅提升（图3-10、图3-11）。

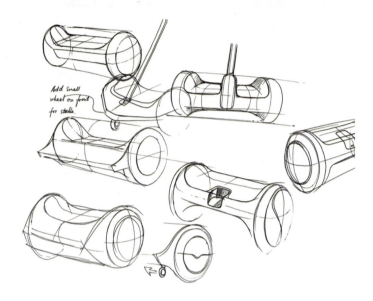

图3-10　平衡车设计草图(一)

手绘草图视频

图3-11　平衡车设计草图（二）

3.2.3 2D效果图渲染

下面主要讲述如何运用2D软件对前45°、后45°及三个视图进行效果图表现。

（1）第一步，制作侧视图

①选择圆形路径工具，建立选区，【填充渐变色】→【角度渐变】，选用【图层样式】→【斜面和浮雕】，制作出立体效果。同理，复制一层，缩小左移，制作出左侧小轮，如图3-12、图3-13所示。

图3-12　制作主轮侧视图

图3-13　制作主轮和小轮侧视图

②用【钢笔】工具勾勒出蓝色图标路径，建立选区，填充蓝色后选择【图层样式】→【内阴影】，制作出透光效果，如图3-14所示。

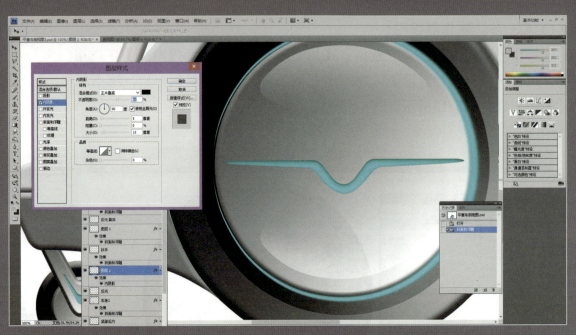

图3-14 制作主轮外侧盖子部分

③选用【钢笔】工具→【建立选区】→【填充渐变色】（白色至透明色），降低图层透明度至20%~30%，即可得到反射高光区，如图3-15所示。

图3-15 制作反射高光区

④如图3-16所示，运用【钢笔】工具勾勒出车身、扶手等部件的封闭路径，建立各部件的选区，并填充为银灰色。接下来，运用【图层样式】→【斜面和浮雕】工具制作出相关部件的立体效果。

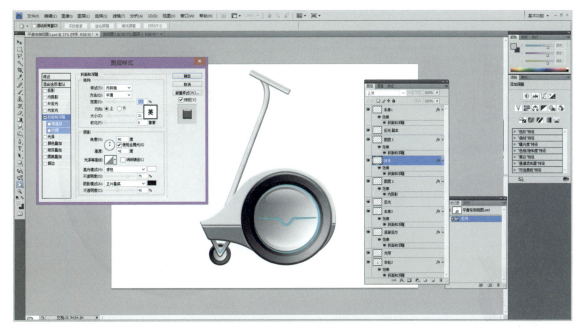

图3-16　制作车身、扶手部分

⑤利用【填充渐变色】命令，绘制出平衡车放置于地面的效果。通过【复制】、【镜像】命令，画出平衡车的投影，如图3-17所示。

图3-17　平衡车的侧视效果图

（2）第二步，制作透视角度

①对侧视图中的前后车轮等部位进行复制、变形，并摆好位置，得到透视角度的车轮，如图3-18、图3-19所示。

透视角度制作视频

图3-18　透视角度的车轮

图3-19　制作对侧车轮部分

②由于略微前突的造型显示向前的动势语义，又能暗示周围物体与平衡车保持一段距离，因此设计成略向前突出的造型，并有大圆角。为此，新建图层，使用【钢笔】工具勾勒出平衡车前端部分，建立选区，根据明暗关系填充渐变色，并运用【斜面和浮雕】工具使其具有立体感，如图3-20、图3-21、图3-22所示。

图3-20 勾勒车底面前部尖端

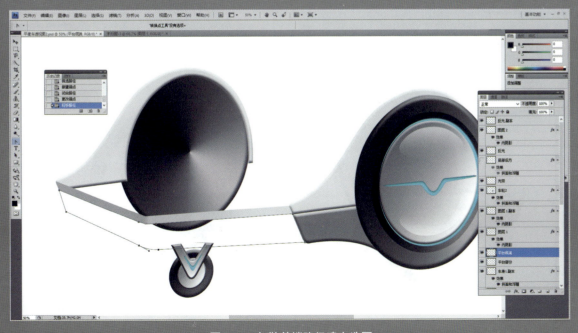

图3-21 勾勒前端路径建立选区

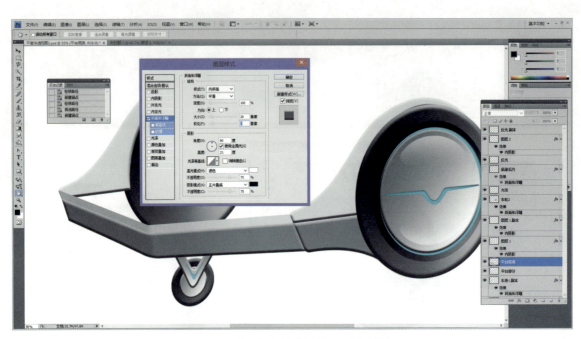

图3-22 填充颜色并增加斜面和浮雕效果

③制作平衡车的顶盖部分，新建图层，用【钢笔】工具勾勒路径，建立选区，考虑面的走向和光影关系，填充渐变色，如图3-23、图3-24所示。

图3-23 勾勒顶盖建立选区

图3-24 填充渐变色

④再用【钢笔】工具勾勒路径，建立选区，删除选取部分，新建图层，填充颜色，制作出其余部分，如图3-25、图3-26、图3-27所示。

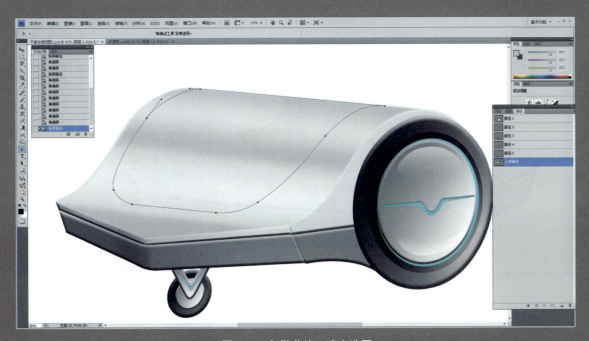

图3-25 勾勒曲线，建立选区

图3-26　删除选区内部分

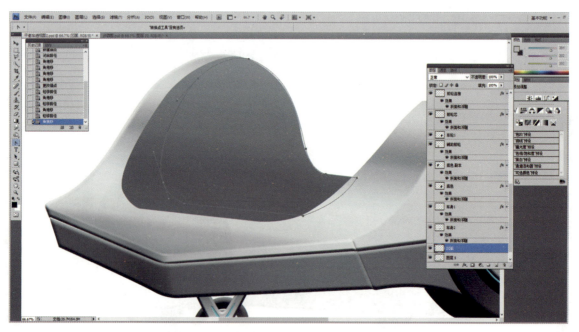

图3-27　用【钢笔】工具勾勒曲线，制作边缘切角

⑤填充颜色后,新建图层,用【钢笔】工具勾勒外边缘路径,右击选择描边,运用【滤镜】→【模糊】→【高斯模糊】,对边线进行模糊化处理,得到过渡均匀的圆角边,如图3-28所示。

图3-28 填充颜色并制作圆角

⑥制作扶手部分,如图3-29、图3-30、图3-31所示。

图3-29 勾勒扶手路径,建立选区,并填充颜色

图3-30　制作缺口部分

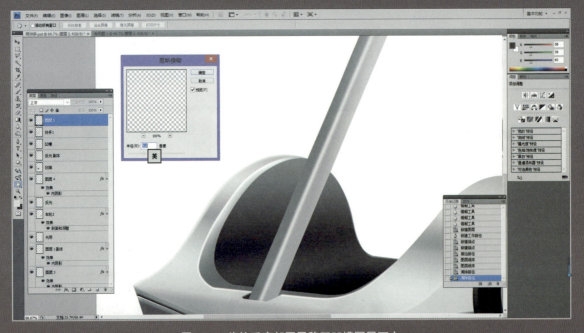

图3-31　将扶手底部图层移至凹槽图层下方

⑦制作扶手顶端的屏幕和把手部分，如图3-32所示。

图3-32 制作屏幕和把手

⑧处理好细节之后，完成45°
的效果图，如图3-33所示。

图3-33 前45°平衡车效果图

3.3

利用Rhinoceros软件完成平衡车的3D模型

①绘制车身主体的曲线，注意三个视图当中尺寸比例的准确性，如图3-34所示。

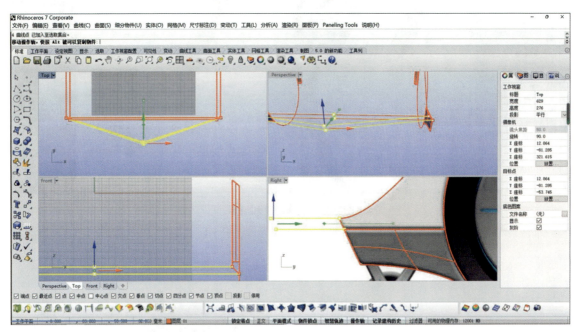

图3-34 绘制平衡车的车身线条

②如图3-35、图3-36所示，通过放样命令对该处的曲面进行切割与倒角。

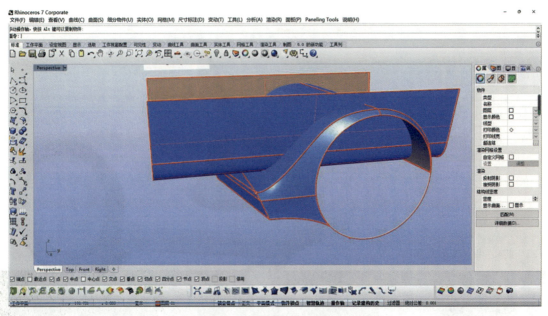

图3-35 对曲面进行切割

3D模型建构视频

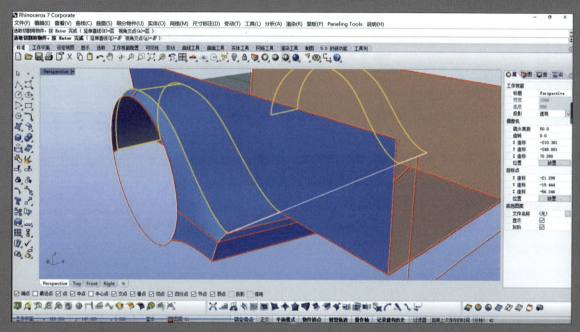

图3-36 对曲面进行倒角

③如图3-37所示，通过隐藏部分区域来观察是否裁切完全。

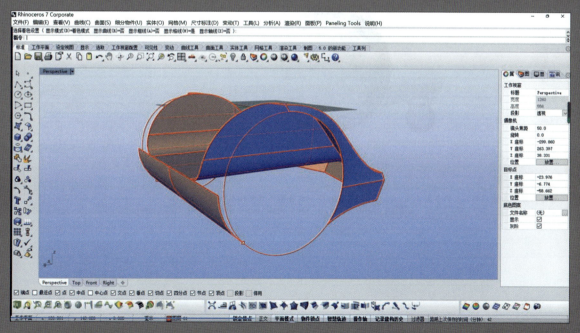

图3-37 检查是否裁切完全

④如图3-38所示，以侧视效果图为基准，描绘侧视图的主要线条。

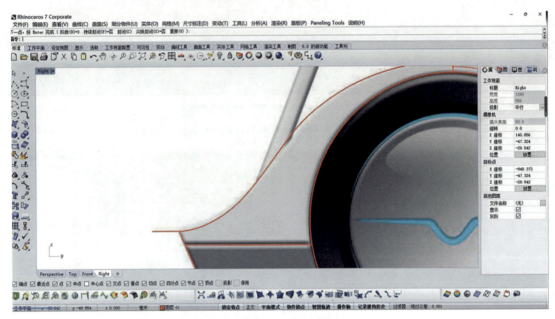

图3-38 描绘侧视图的主要线条

⑤绘制车轮部分，特别注意处理表面装饰及其细节，然后制作手柄部分，如图3-39所示。

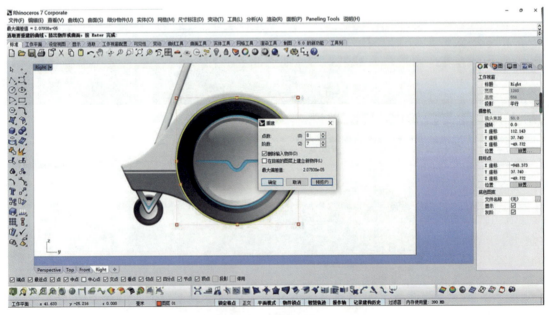

图3-39 绘制车轮部分

⑥此部分可以重建曲线为七阶八点，增强曲线的可编辑性，如图3-40所示。

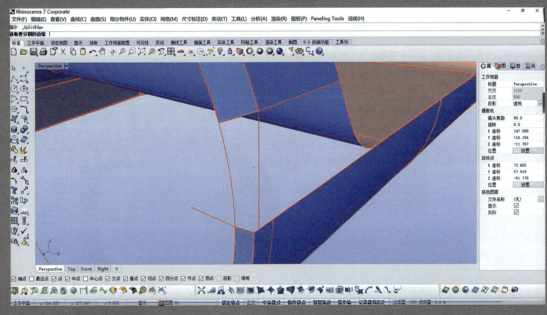

图3-40　重建曲线

⑦混接曲线，得到该处面的位置走向，如图3-41所示。

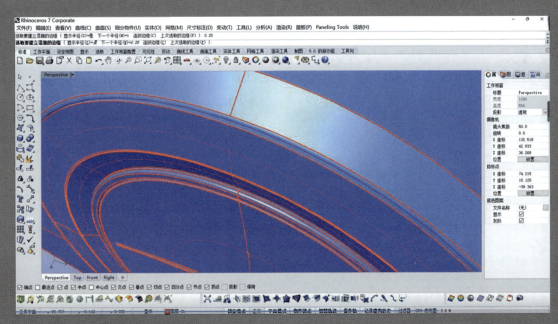

图3-41　混接曲线

⑧完善车轮部分的细节，如制作倒角与分模线，如图3-42所示。

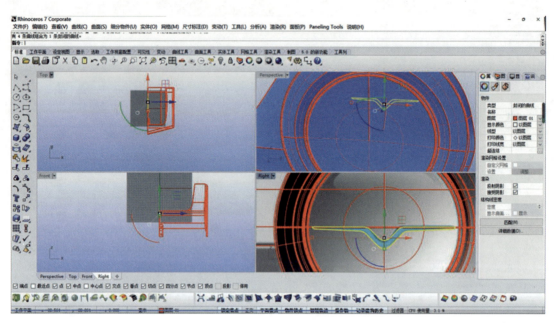

图3-42　制作倒角与分模线

⑨继续完善车轮细节，注意曲线的准确度，如图3-43所示。

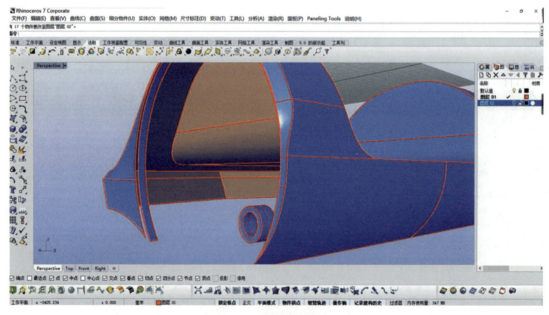

图3-43　完善车轮细节

⑩对车身顶部与侧面进行多次补面，注意补面时接面需要保持G2连续，如图3-44所示。

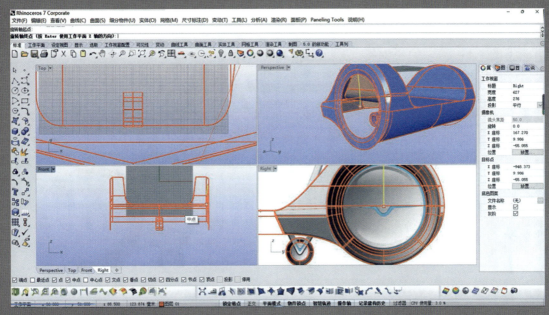

图3-44　对车身顶部与侧面进行补面

⑪绘制出车轮部分的曲线，并使用【旋转成型】命令生成曲面，如图3-45所示。

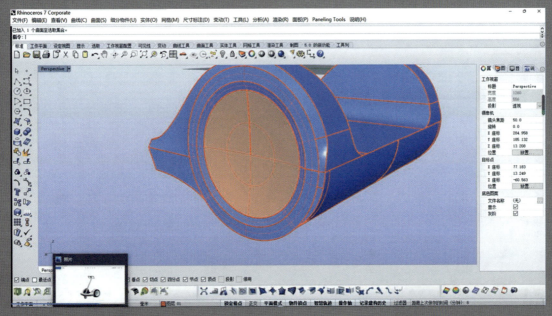

图3-45　使用【旋转成型】命令制作车轮曲面

⑫制作车身曲面，如图3-46所示。

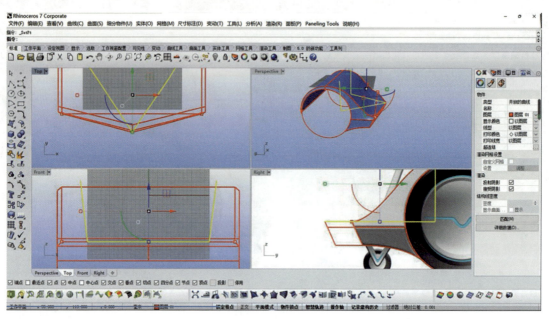

图3-46 制作车身曲面

⑬对破面进行修补，如图3-47所示。

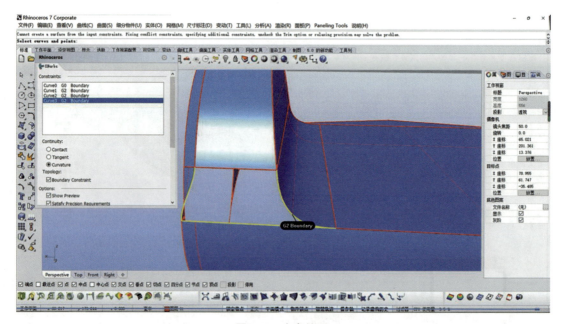

图3-47 车身补面

⑭在侧视图中，画出扶手的曲线，并进行直线挤出生面，如图3-48所示。

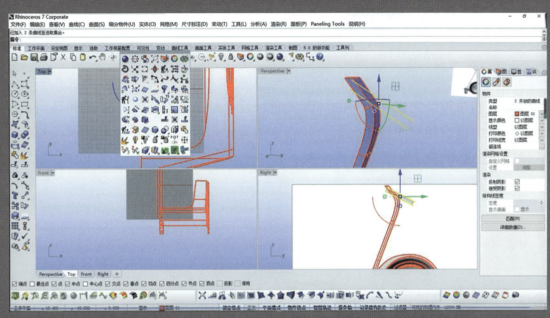

图3-48 运用软件制作扶手等细节部分

⑮利用渲染软件，赋予平衡车不同的部件相应的材质，最终的三维模型效果图如图3-49所示。

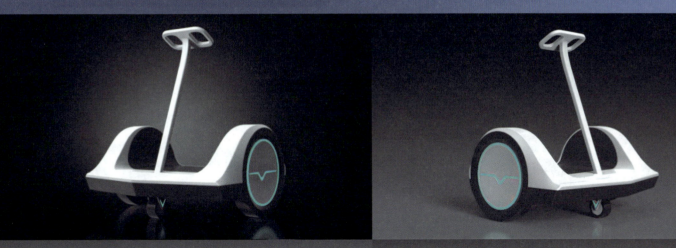

图3-49 三维模型的渲染效果图

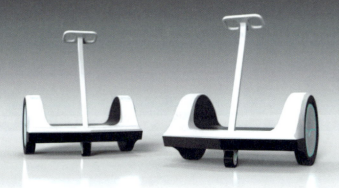

平衡车设计鉴赏

　　这款概念平衡车设计突出平衡车的外形美感，设计师从现有的汽车灯具和其他具有较强科技感的产品形态中提取相应的设计元素，并将这些设计元素转化为平衡车的设计外形特征，利用三维软件完成产品的渲染和展示（图3-50）。

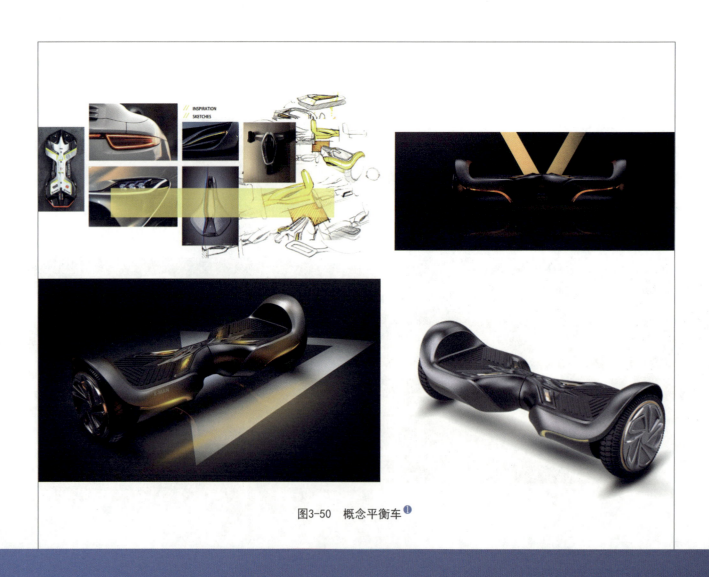

图3-50　概念平衡车❶

Eswing自平衡车（图3-51），动能强劲，马力十足，配备400W马力双无刷电机，定制两级传动齿轮箱，扭矩更强悍，速度可达20km/h，载重提升150kg。车体强健，更耐冲击。采用一体式铝合金车身压铸工艺，1s快拆装卸，在尽量减轻平衡车质量的同时增强了耐冲击性，全面提升车体的强度和防水等级，优质材料与精密设计确保车辆耐用性。

该产品针对景区、酒店等租赁项目提供全套有效解决方案，满足各类租赁项目计费及车辆管控需求，轻松实现人-车互联的智能生活。行驶控制更平稳，操控性能更出色，反应更灵敏，并且添加了屏幕显示模块和手机蓝牙设计模块。

Eswing Self-Balancing Personal Transporter

图3-51　Eswing自平衡车

★ 项目考核

考核方法:

❶ 在规定时间内,完整表现一个平衡车的设计方案,整体比例协调,材质结构表达清晰。

❷ 参考指标:作品表现美度25%,表现技法应用25%,作品完成度25%,互动态度25%。

考核要点:

❶ 材质表现真实。

❷ 比例准确。

❸ 在熟练掌握以上知识的前提下,能够基本理解平衡车的产品设计。

❹ 熟练掌握相关的软件,包括Photoshop和Rhinoceros软件的操作技巧。

自学:平衡车设计的要素及未来的发展趋势(建议学生提供分析报告)。

★ 项目学习的建议和条件

❶ 实际感受和观察平衡车的特点和产品美学、比例等属性;

❷ 准备电脑及手绘工具等。

4. 概念自行车设计

⭐ **学习目标**

① 熟悉概念自行车的设计表现特点，加深对效果图表达的理解，提升图面表现的美学修养；

② 掌握市场调研的技巧，了解用户和消费者的需求；

③ 培养学生的沟通协调能力和团队协作能力及解决实际问题的综合能力。

⭐ **学习重难点**

① 如何平衡概念自行车外形和功能之间的关系；

② 概念自行车的设计流程和设计要素。

概念自行车设计解读

自行车产品分析研究

4.1.1 自行车产品的特点

　　自行车，又称脚踏车或单车（图4-1），通常指二轮的小型陆上车辆，是绿色环保的交通工具。人骑上车后，脚踩踏板带动曲柄链轮作回转运动，并经链条传到装在后轮后轴上的飞轮上，带动后轮旋转，驱车前行。自行车种类很多，有单人自行车、双人自行车、多人自行车。

图4-1　不同的自行车

　　自行车既可以作为环保的交通工具用来代步，也可作为健身器材，甚至能用于竞赛。例如，自行车赛也是一项体育竞技运动，有公路自行车赛、山地自行车赛、场地自行车赛、特技自行车比赛等。

　　有人提出，未来的自行车除了车身线条设计极具未来感之外，还能随用户需要变形。当你要追求速度的时候，可将其外形调节为赛车样式；当你想浏览沿途风景的时候，又能变形为旅游自行车。这是对于未来自行车产品的功能和形式之间匹配的预想。

4.1.2 自行车产品分析

自行车基本类型如图4-2所示，包括高山速降车、山地车、单速自行车和赛车四种形式，并且其功能定位介于公路行驶与越野行驶，城市短途行驶与长途行驶，如图4-3所示。

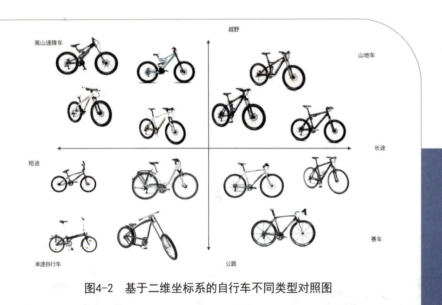

图4-2 基于二维坐标系的自行车不同类型对照图

图4-3 自行车功能定位

4.1.3 用户的需求分析

通过问卷对自行车产品进行市场调研，了解用户需求，可知：用户比较在意自行车的外观，同时，品牌带来的价值感和性能的稳定性也是用户比较关心的方面（图4-4）。在自行车的外形风格方面，多数受访者希望自行车能够呈现酷炫、简约的风格。

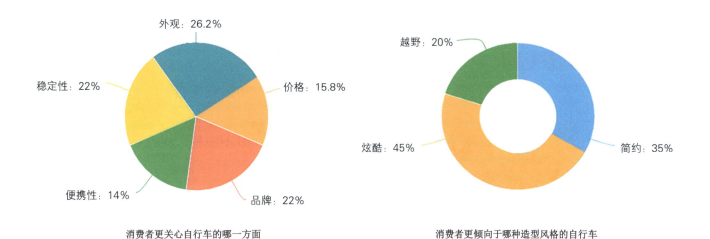

外观：26.2%

价格：15.8%

稳定性：22%

便携性：14%

品牌：22%

越野：20%

炫酷：45%

简约：35%

消费者更关心自行车的哪一方面　　　　　消费者更倾向于哪种造型风格的自行车

图4-4 市场调查数据

4.1.4 自行车品牌分析

（1）捷安特（GIANT）

捷安特是中国知名品牌。生产商捷安特（中国）有限公司为高新技术企业,全球自行车生产及行销最具规模的公司之一，其生产的部分产品如图4-5所示。

图4-5　捷安特（GIANT）

图4-6　美利达（MERIDA）

（2）美利达（MERIDA）

1972年，美利达公司创立，专注于高品质自行车的研发。部分产品如图4-6所示。

4.1.5 发展趋势

随着城市交通拥堵问题日益突出，环保观念持续强化，近年来我国自行车制造企业数量不断增加。至2019年，我国自行车社会保有量已近4亿。我国自行车行业一直在向"多样化、高端化、品牌化"的方向转型升级，也即回归制造本质，紧抓升级不放松，加快产品升级，开发智能、运动型自行车，向专业高端领域转变，扭转目前自行车行业以代工贴牌生产为主的局面。

当前，全球自行车行业正处于短期调整时期，市场深度分化，而我国自行车企业正在加速向高端市场迈进，预计未来在二线城市的运动健身自行车市场潜力持续增长。此外，随着一部分不合规的企业被淘汰出局和新技术的采用，产业集中度将进一步提升，产品价值也会提高。

自行车外形发展趋势可以分为四个方向：概念化、艺术化、多功能化和运动化（图4-7）。概念化体现在突破原有产品的形式，体现出产品的前瞻性和新颖性；艺术化是追求自行车外形的艺术性，提升产品的美感；多功能化是指在保证产品的骑乘功能的基础上，会附加一些其他功能，提升自行车的实用性；运动化是满足骑行爱好者对于产品功能稳定性、骑乘舒适性的要求，同时具备降低风阻的合理外形。

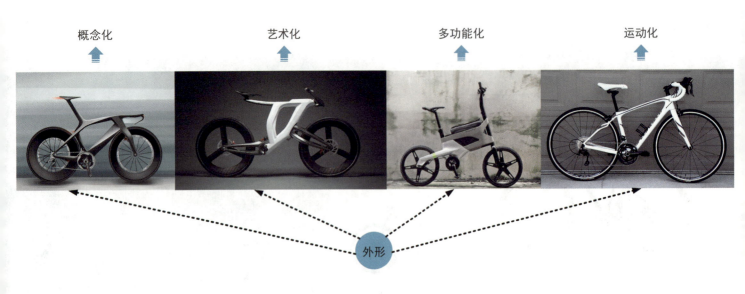

图4-7　自行外形发展趋势

4.2

产品定位及创意表现

4.2.1 产品定位

经过调研，同时根据企业的设计规划，将新产品外形设计风格定位为简洁、新颖、轻便、运动感、科技感，摆脱老式的自行车风格。在用户定位方面，将用户定位为运动型、有环保意识、追求时尚的人群。

结合新产品外形设计风格定位，形成如下设计意象图，如图4-8所示，从具有科技感的建筑、具有品质感的家具和图案中找寻符合相关风格定位的设计灵感。

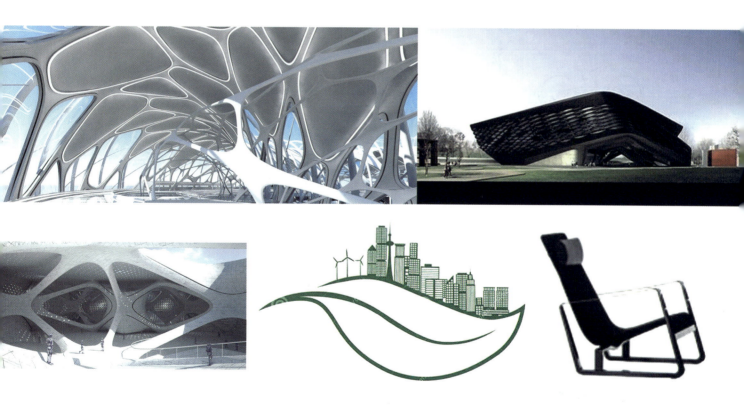

图4-8　设计意象图

4.2.2 产品创意手绘表现

概念自行车的创意草图如图4-9、图4-10所示。

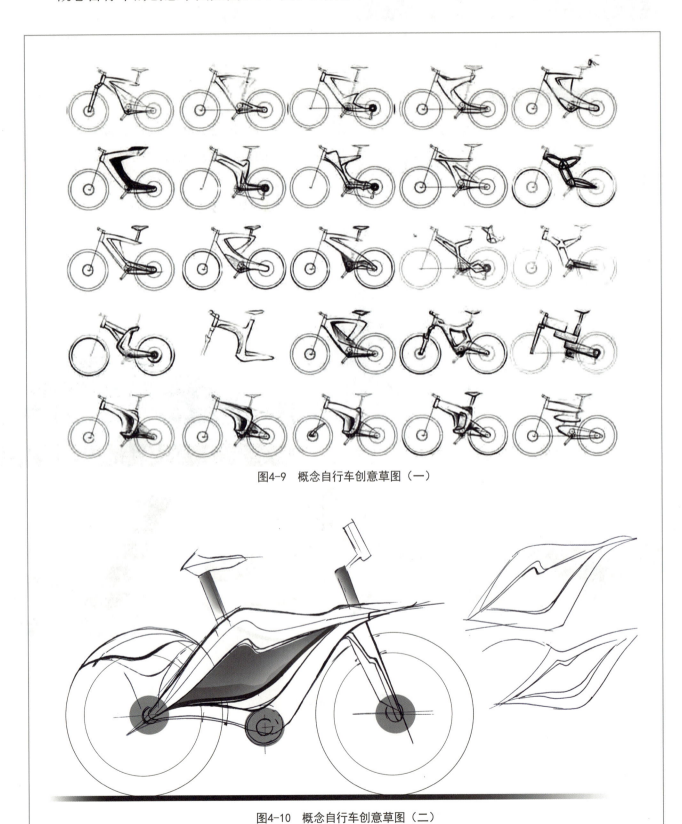

图4-9　概念自行车创意草图（一）

图4-10　概念自行车创意草图（二）

2D效果图渲染视频

4.2.3 2D效果图渲染

操作步骤如下：

第一步，导入草图，填充轮子颜色，如图4-11、图4-12所示。

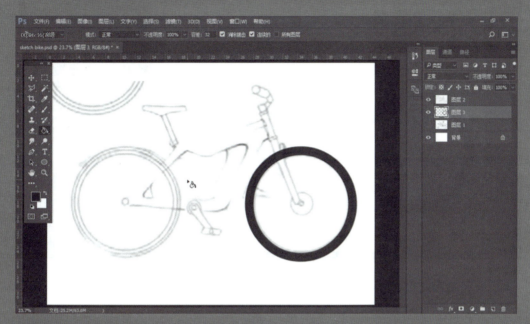

图4-11　导入草图，填充前轮颜色

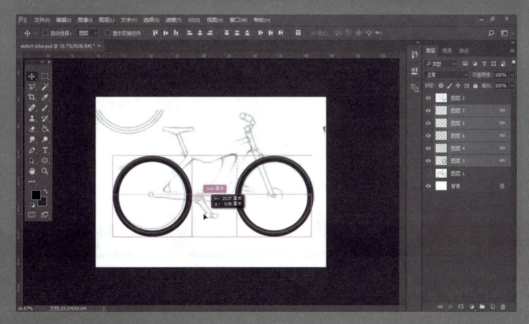

图4-12　填充后轮颜色，作为车辆主体部分颜色

第二步，先用【钢笔】工具勾勒自行车梁架部分，并填充黄绿色，再运用【斜面和浮雕】工具做出立体感，如图4-13、图4-14、图4-15、图4-16所示。

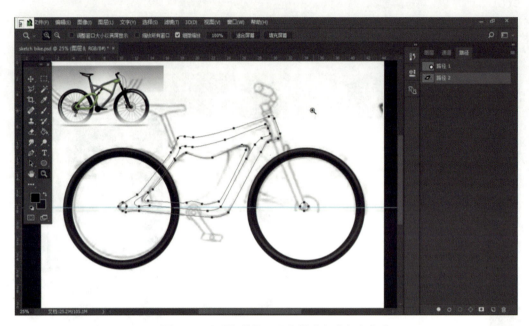

图4-13　用【钢笔】工具勾勒自行车梁架部分

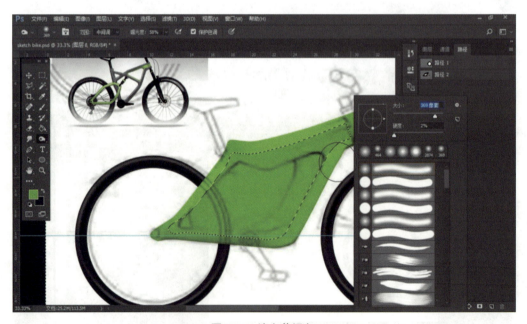

图4-14　填充黄绿色

图4-15　描边

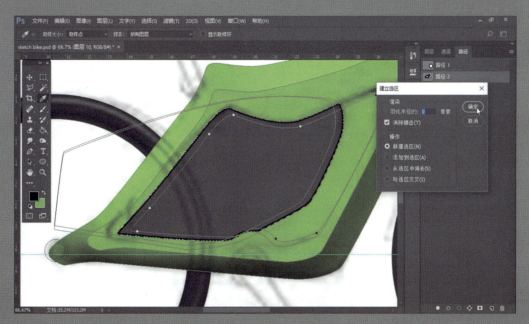

图4-16　建立选区

第三步，制作其他部分，注意细节处理，如图4-17～图4-28所示。

图4-17 用【斜面和浮雕】工具制作车体效果

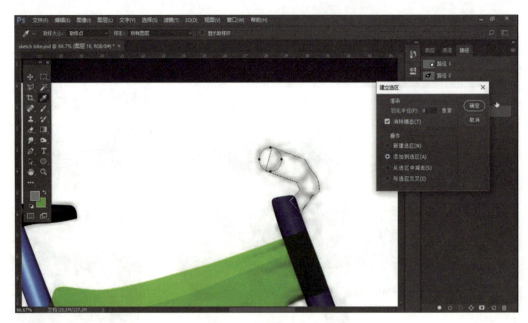

图4-18 勾勒把手部分

图4-19　勾勒轮毂部分

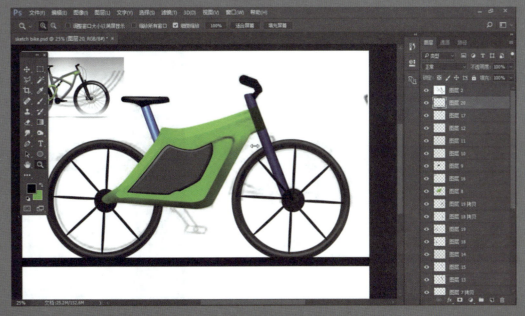

图4-20　通过复制完成轮毂部分

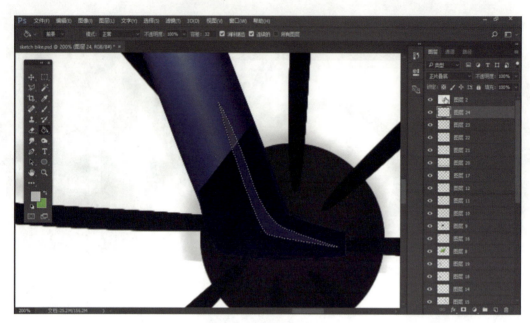

图4-21　制作梁部的高光

图4-22　高光完成效果

图4-23 制作脚蹬轴部分，绘制对应的路径

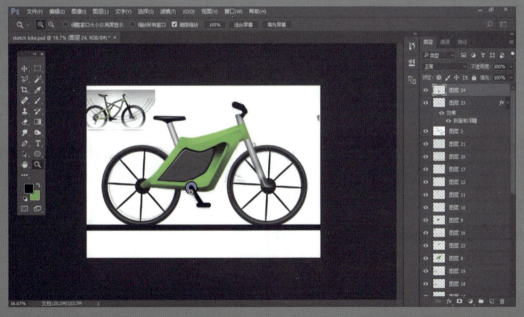

图4-24 填充蓝色，完成脚蹬部分制作

图4-25 建立选区，制作阴影部分

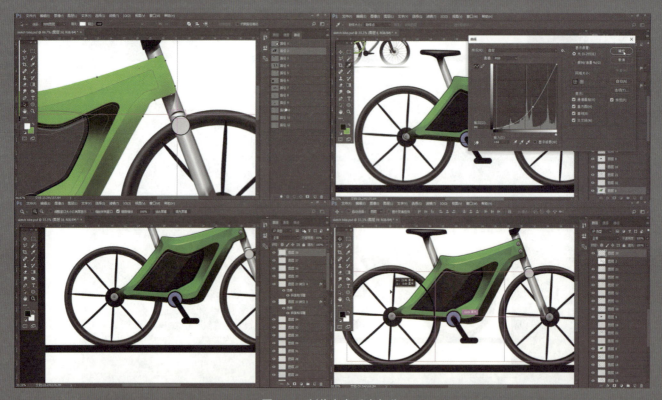

图4-26 制作车身反光部分

图4-27 制作后轮挡板

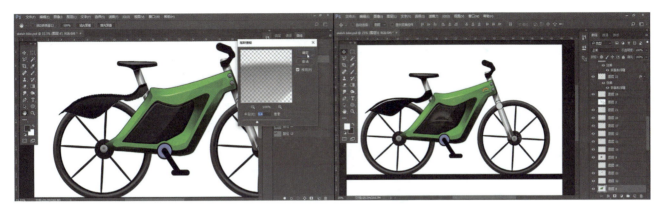

图4-28　制作后轮挡板及其余部分的高光

3D模型建构

3D模型建构步骤如下：

①在侧视图，使用曲线画出车辆大面的位置与走向，如图4-29所示。

3D模型建构视频

图4-29　画出车辆大面的位置与移动

②通过得到的曲线挤出生面，并调节控制点达到内部微微鼓起的效果，如图4-30所示。

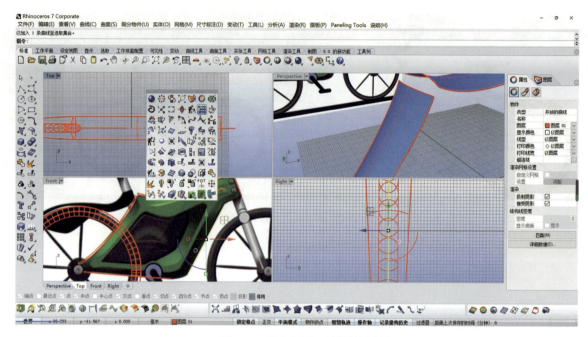

图4-30　挤出生面，并调整控制点

③制作车轮，注意其尺寸与形态，如图4-31所示。

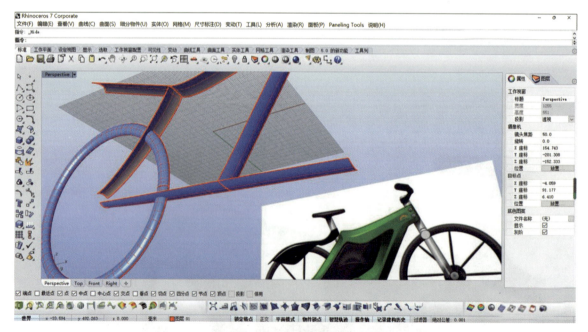

图4-31　制作车轮部分

④对相交处的多余曲面进行切割，如图4-32所示。

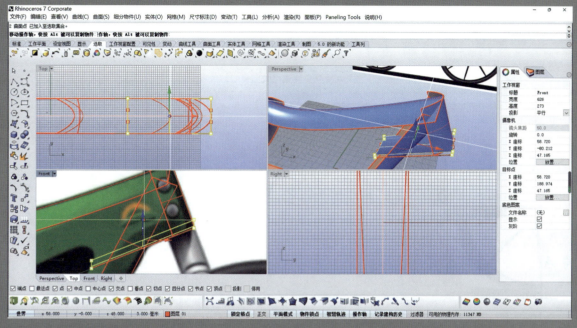

图4-32　切割相交处的多余曲面

⑤制作车轮轴，并观察车轮轴如何与车架相交，如图4-33所示。

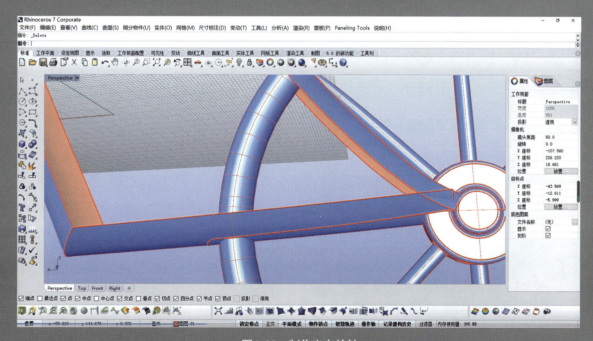

图4-33　制作出车轮轴

⑥制作自行车中间梁架部分，这部分面衔接较为复杂，注意使用【接面】工具，精细操作，如图4-34所示。

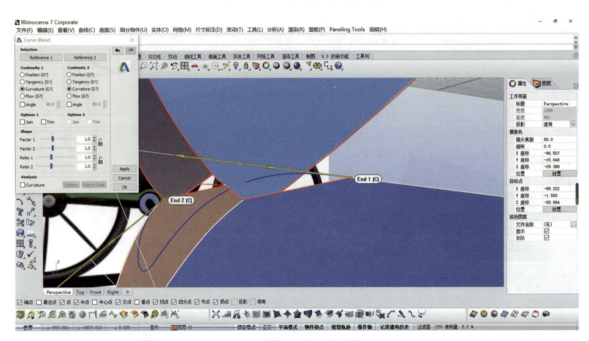

图4-34　制作自行车中间梁架部分

⑦将完成的曲面进行组合，观察是否需要调整，如图4-35所示。

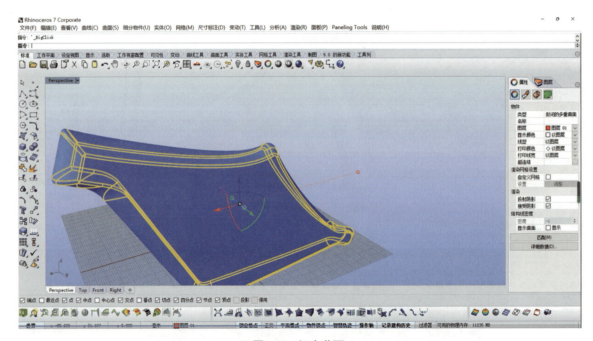

图4-35　组合曲面

⑧使用曲线对车架部分进行切割，保留需要的部分，如图4-36所示。

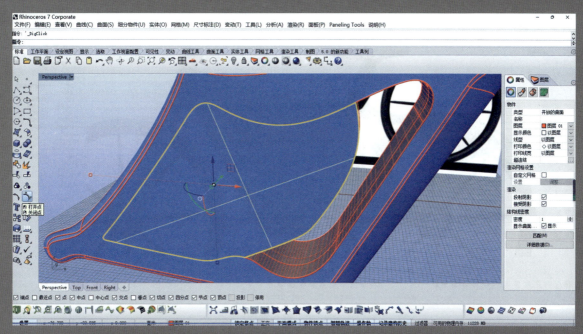

图4-36　运用曲线对车架部分进行切割

⑨对车架的剩余部分进行向内偏移，随后将该部分与外侧轮廓混接，如图4-37所示。

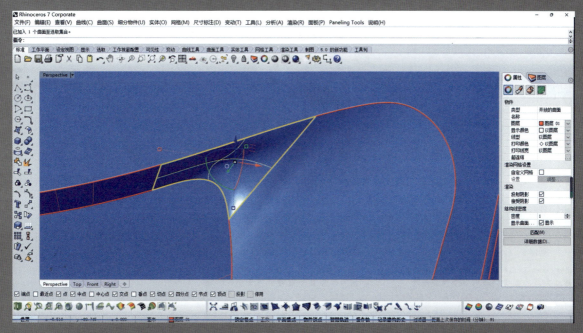

图4-37　将车架的剩余部分与外侧轮廓混接

⑩组合并观察是否达到要求，如图4-38所示。

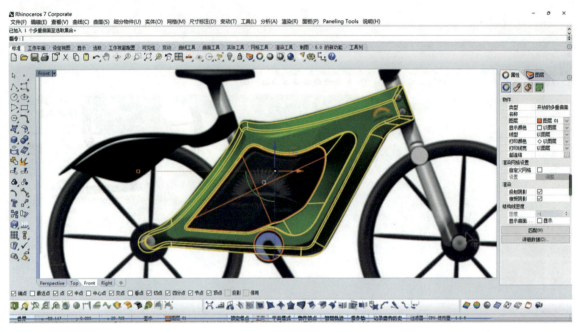

图4-38　组合零件

⑪制作自行车脚踏部分轮轴，如图4-39所示。

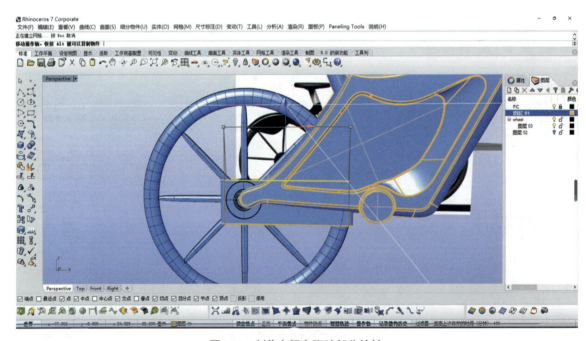

图4-39　制作自行车脚踏部分轮轴

⑫制作自行车后部的挡片部分，注意曲线的走势与位置，如图4-40所示。

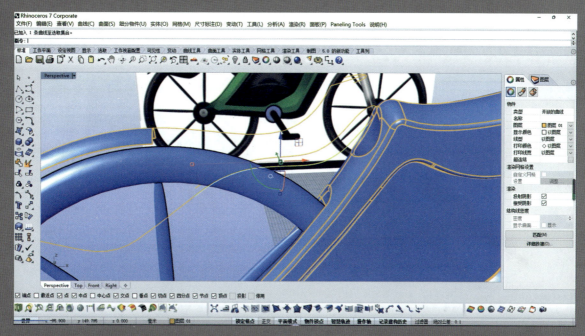

图4-40　制作自行车后部的挡片部分

⑬使用【补面】工具继续完善挡片部分，如图4-41所示。

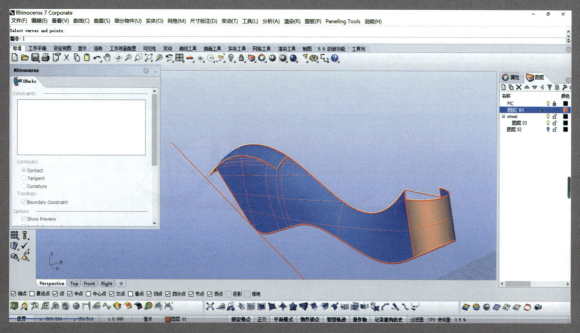

图4-41　用【补面】工具完善后挡片

⑭切除多余部分的曲面，如图4-42所示。

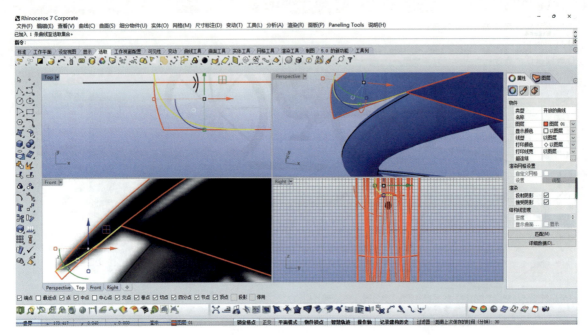

图4-42 切除多余部分的曲面

⑮使用【曲面偏移】工具制作出挡片的厚度，并进行倒角，如图4-43所示。

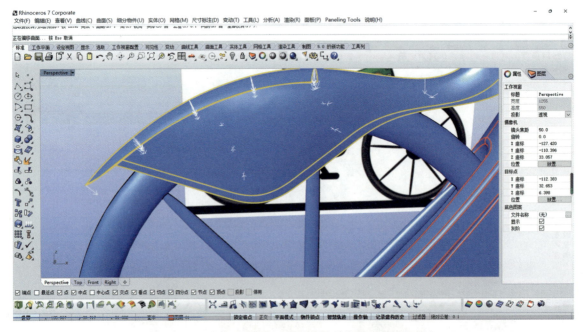

图4-43 用【曲面偏移】工具制作挡片的厚度并进行倒角

⑯对倒角失败部分进行手动修补，如图4-44所示。

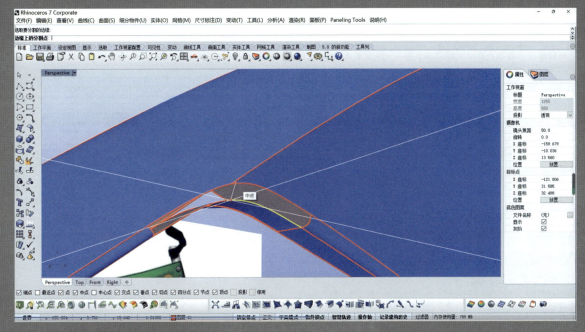

图4-44　手动修补倒角失败部分

⑰制作车龙头部分，注意龙头的走势，如图4-45所示。

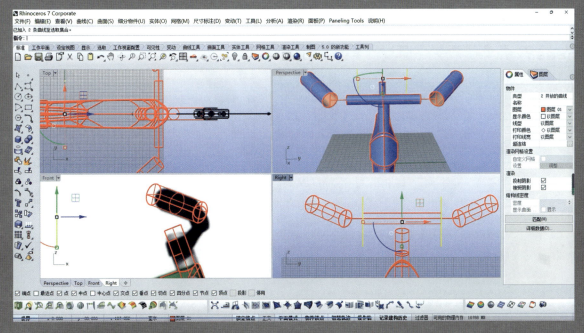

图4-45　制作车龙头部分

⑱在握手处制作橡胶把手，如图4-46所示。

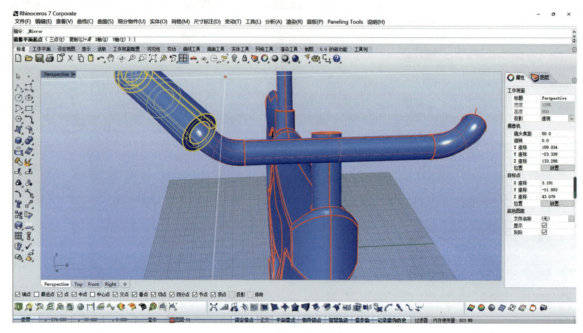

图4-46　在握手处制作橡胶把手

⑲制作龙头轴，并将龙头与车架相连，如图4-47所示。

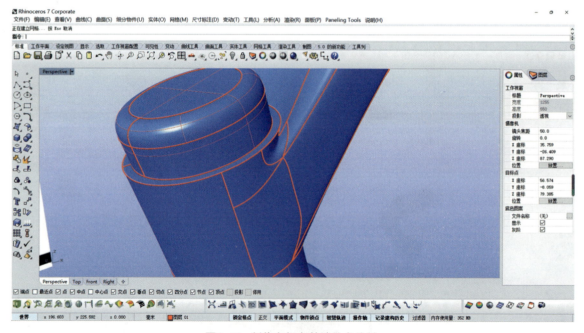

图4-47　制作自行车前端的龙头轴

⑳如图4-48、图4-49所示，继续完善车头细节，补充铆钉口。

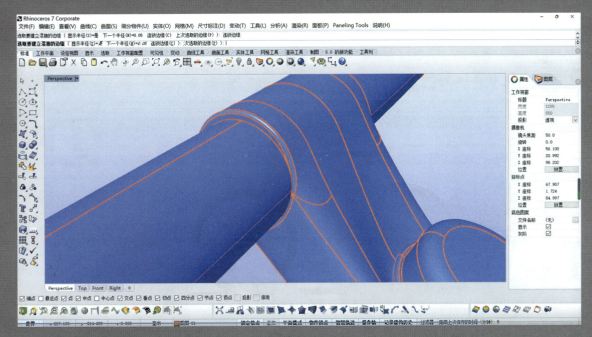

图4-48 完善车头细节

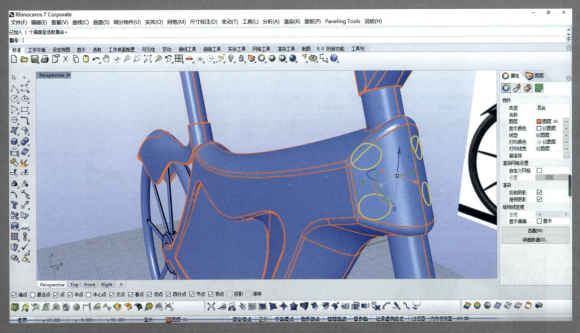

图4-49 补充铆钉口

㉑如图4-50所示，组合所有曲面，确保相关的曲面之间的连接比较顺畅。同时，确认相关的结构是否合理。

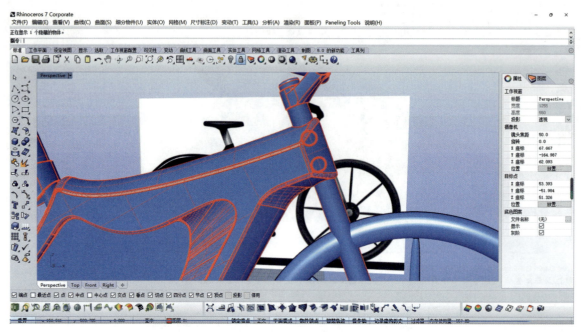

图4-50　组合所有曲面

㉒制作车头的两条减震器管，如图4-51所示。

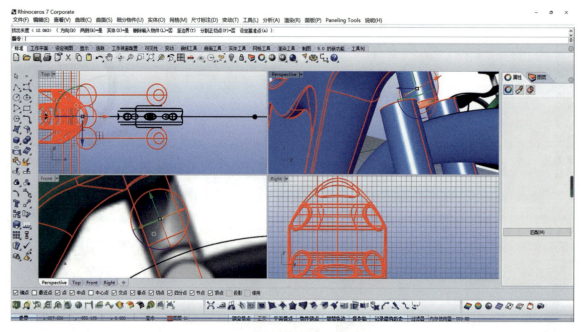

图4-51　制作车头的两条减震器管

㉓制作减震器管与龙头的连接部位，如图4-52所示。

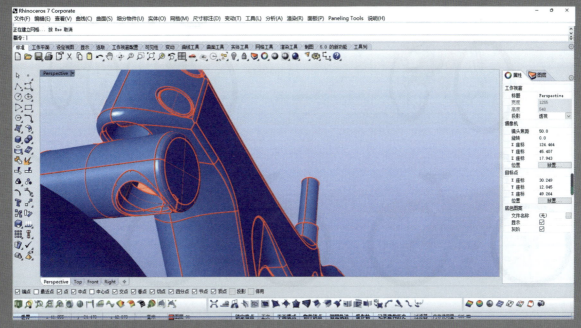

图4-52　制作减震器管与龙头的连接部位

㉔组合模型，观察效果，如图4-53所示。

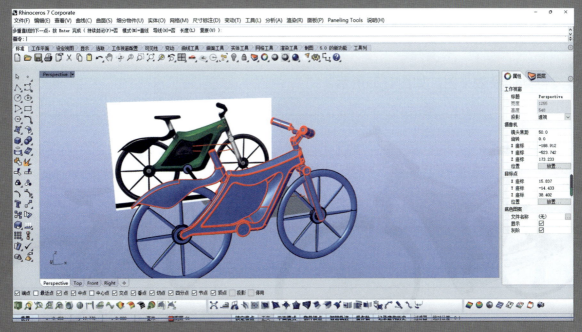

图4-53　组合模型

最终得到三维建模效果图，如图4-54所示。

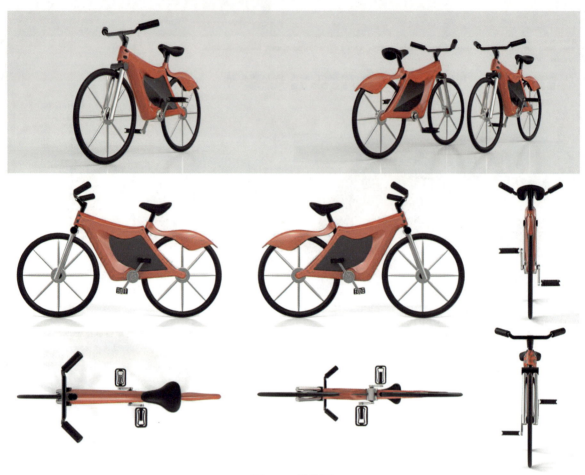

图4-54 渲染图

最终得到产品效果图，如图4-55所示。

图4-55 产品效果图

4.4

自行车设计鉴赏

（1）捷安特TCR Advanced Pro 0 Disc

以先进的碳纤维制造工艺打造的捷安特TCR Advanced Pro 0 Disc，拥有出色的刚性重量比；以整合式空气力学设计为核心，在德国Immenstaad的GST风洞实验室，将车架、前叉、零组件和轮组系统全数纳入，完善整体空力系统设计；在空力动力学性能方面有着长足的突破，研发人员通过逐一分析、验证和测试每一管件外形，显著降低在大范围侧风角度下的骑乘风阻。凭借完全整合的碟刹科技，捷安特TCR Advanced Pro 0 Disc无论晴雨天气，都有着优越的制动力和刹车手感，满足专业公路选手的需求。从外观上看，整车采用经典的黑红配色，运动感强，并在这一配色基础上增加了一抹亮眼的流光银，提升了视觉感受，增加了产品的科技范和炫酷感（图4-56）。

图4-56 捷安特TCR Advanced Pro 0 Disc 整体外形及细节❶

❶图片来源：www.giantcyclingworld.com. 2022-6-19.

（2）Canyon Orbiter城市概念自行车❶

Canyon Orbiter城市概念自行车像是公路自行车和山地车的结合体（图4-57）。全车采用碳纤维材料打造，最抢眼的是独特的磁悬浮设计，车架类似平行四边形，在五通、后上叉的连接位置，采用了最新project MRSC技术，通过电子方式改变电机内轴承流体的阻力，使其能够通过车载传感器来控制悬挂的磁阻以控制转点的移动自由度，并且可以像发电机那样捕获转点能量，将其有效地回收利用起来。后下叉和座管之间，是车轮可以运动的范围。后轮电动花鼓设计，平衡了整车的设计，对整车的操控影响会非常小，前轮也是同样的设计。这辆车前后马达可以独立或者同时运作，提高了爬坡中的抓地力。曲柄的设计呈现出未来科技感，这台车并没有传动系统，曲柄仅仅是踩踏平台兼具传感作用，实际输出全部是通过传感器来协调并传送给前后轮马达的。车把位置有一块液晶显示屏，除了搭载控制芯片以外，还可以用于设置并检测车辆的各种数据。

Canyon Orbiter urban concept bike

❶ https://bikerumor.com/canyon-orbiter-urban-concept-bike-pulls-together-magnetic-suspension-stealth-emtb-drive/. 2022-6-19.

Canyon Orbiter urban concept bike

图4-57　Canyon Orbiter 城市概念自行车设计图片

★ **项目考核**

考核方法：

❶ 在规定时间内，完整表现一个概念自行车的设计方案，整体比例协调，材质结构表达清晰。

❷ 参考指标：作品表现美度25%，表现技法应用25%，作品完成度25%，互动态度25%。

考核要点：

❶ 材质表现真实。

❷ 比例准确。

❸ 在熟练掌握以上知识的前提下，能够基本理解概念自行车产品设计的内涵，并进行随心表现。

❹ 熟练掌握Photoshop和Rhinoceros软件命令。

自学：自行车设计的要素及未来的发展趋势（建议学生提供分析报告）。

★ **项目学习的建议和条件**

❶ 实际感受和观察概念自行车的特点和产品美学、比例等属性；

❷ 准备电脑、手绘工具及油泥制作工具等。

5．电动车
设计

⭐ **学习目标**

① 熟悉电动车产品的设计表现特点，加深对效果图表达的理解，提升图面表现的美学修养；

② 掌握市场调研的技巧，了解使用者、企业双方对电动车产品的要求；

③ 培养学生的沟通协调能力和团队协作能力及解决实际问题的综合能力。

⭐ **学习重难点**

① 电动车产品的结构和工艺特点；

② 电动车的设计流程和设计要素。

电动车设计解读

5.1 电动车产品分析研究

5.1.1 电动车自行车产品的特点

近年来，随着蓄电池技术的成熟和产品外形设计的不断丰富，电动自行车行业进入快速发展的阶段。目前，我国已经成为拥有电动车数量最多的国家。两轮电动车在我国蓬勃发展并占领广阔市场主要有以下三方面的原因：①我国人口数量大，而中低收入者占大多数，他们对于便捷、廉价的近程代步工具有巨大的需求；②我国城市道路交通状况不佳，大中型城市普遍面临交通拥堵的问题，两轮电动车为普通用户群提供了出行的最佳选择；③两轮电动车具有一定的载人载物功能，满足了不同人群多变的功能需求。

电动自行车是指以蓄电池作为辅助能源在普通自行车的基础上，安装了电机、控制器、蓄电池、转把闸把等操纵部件和显示仪表系统的交通工具。如图5-1所示，有脚踏的电动自行车和无脚踏的电动自行车是比较多的两种电动自行车。

图5-1　电动自行车

电动自行车一般具有以下优点：一是价格便宜。电动自行车的价格一般为1000～3000元，比摩托车价格便宜。二是驾驶轻松。由于靠电池和电机驱动，不用脚踩就可以自动行驶。对于每天辛苦上班的人们来说，骑电动自行车比自行车方便、轻松多了。三是速度快。电动自行车速度虽不及摩托车的速度，但是比脚踏自行车速度快多了。四是容易学会并且比摩托车安全，更容易控制。

5.1.2 电动车的解构图

电动车的解构图如图5-2所示。

图5-2　电动车的解构图

5.1.3 电动车品牌分析

（1）Gogoro

Gogoro是来自我国台湾地区的电动车品牌，创立于2011年，提出了用创新思维为人口密集的城市提供持续能源和智慧交通方案的理念。该品牌的产品一经推出，立刻成为电动车的代名词。Gogoro首创换电思路，提出有别于传统能源补给的崭新解决方案。Gogoro Network 基于电池交换与智慧移动服务的开放平台，利用电池交换方式，让补充能源变得更为快速、简单与方便。它可以帮助用户解决电动车充电慢的问题，同时也能利用数据算法做动态与多元的持续自我优化。Gogoro是目前亚洲地区比较有影响力的电动车品牌之一，部分产品如图5-3所示。

图5-3　Gogoro电动车❶

❶图片来源：https://www.gogoro.com/tw/.2022-6-19.

（2）雅迪Yadea

雅迪电动车是雅迪科技集团有限公司旗下产品，该品牌为江苏省著名商标，属于高端电动车品牌，全球电动车销量较大的品牌之一，部分产品如图5-4所示。

图5-4　雅迪电动车

（3）小牛电动

小牛电动是智能城市出行解决方案提供商，致力于为全球用户提供更便捷、更环保的智能城市出行工具。小牛电动生产的部分产品如图5-5所示。小牛电动车采用与特斯拉同级的松下锂电池，相比同行使用的铅酸电池要轻很多。

图5-5　小牛电动车

5.1.4　电动车的设计和发展趋势

首先，电动车外观设计趋于极简，行车轻便，速度适中，价位较低，无噪声和尾气污染，占用车位小，可大幅提高非机动车道的通行效率，适合城镇中距离出行，具有其他交通工具无可比拟的优势。其行车轻便、环保经济的特点，在电动车的工业设计中得到了淋漓尽致的展现。现在市场上流行的电动车，设计极简，外形小巧新颖，风格简约现代，使用轻便灵活，更加符合城市绿色出行的理念。

其次，车身外形设计更加多样化。电动车的车型越来越丰富。各生产企业拥有独特的产品结构形式，如踏板式、助力与电动混合式、中轴驱动式等，产品向多元化、个性化等方向发展。

再次，强调个性化设计。电动车消费群体的特质与喜好存在明显差异，不同年龄、不同职业、不同区域、不同性别的消费群体对产品的需求不同。在产品外观设计方面，需要强调个性化设计，突显产品创意，根据不同的消费群体，设计不同的外观形象，提升产品的美观度。

最后，整车设计轻便化、人性化。随着电动车核心部件技术性能的不断提升及新材料、新技术、新工艺的应用，电动车产业在技术方面取得了长足的进步。这也为电动车设计提供有力的技术支持。在电动车工业设计方面，整车设计更加人性化，这不仅体现在功能上，更体现在外观设计的创新、动力参数配置、人机工程的匹配等方面。这些都需要设计人员进行系统性的综合考量。

5.2 产品定位及创意表现

5.2.1 产品定位

产品定位为中端产品，目标用户为年轻都市女性白领、学生、医生、教师等。

外形设计要求：简洁、时尚、有质感、灵巧，且符合《电动自行车安全技术规范》（GB 17761—2018）的尺寸要求。

5.2.2 技术基础

在完全满足《电动自行车安全技术规范》（GB 17761—2018）的前提下，进行整车外观设计。整车尺寸参数如图5-6所示。整车大体简洁时尚，造型圆润但不臃肿，在细节处理方面，添加具有时尚感和质感的元素，如整车采用圆和椭圆的元素，使整体显得更加和谐，满足对生活、对品质有一定追求的用户群体。

整车尺寸参数	
轴距（A）	1200mm
把高（B）×把宽	980mm×660mm
最低离地距离（C）	140mm
座高（D）	705～715mm
座点至脚踏高度（E）	420mm
头管角度（F）	25°
减震长度（G）	280mm

图5-6　整车尺寸参数

5.2.3　手绘草图

产品创意手绘图的设计步骤如图5-7～图5-14所示。

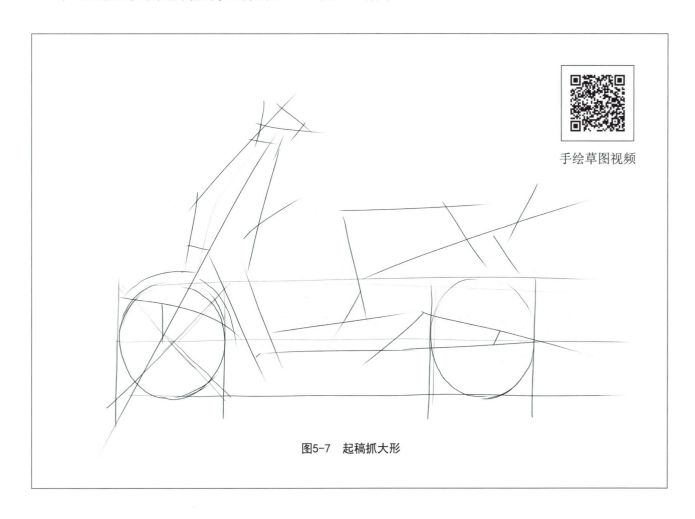

手绘草图视频

图5-7　起稿抓大形

图5-8　概括出基本轮廓

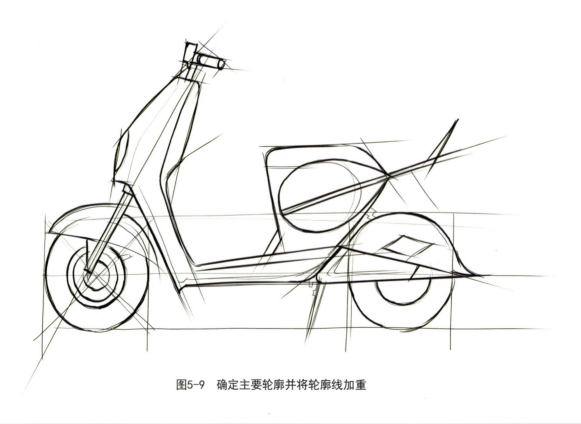

图5-9　确定主要轮廓并将轮廓线加重

图5-10　用喷笔工具绘制车身颜色

图5-11　绘制车轮及其他黑色部位

图5-12   颜色上好后对多余部分进行擦除修正

图5-13   绘制高光及其他细节部分

图5-14　电动车设计方案最终草图

5.2.4 2D效果图制作

操作步骤如下：

第一步，导入图片，新建图层，用【钢笔】工具勾勒电动自行车的主体部分，并填充颜色，注意明暗关系的真实性，如图5-15、图5-16、图5-17所示。

2D效果图
制作视频

图5-15　导入图片，新建图层

图5-16　用【钢笔】工具勾勒电动车车体部分

图5-17　建立选区，填充颜色

第二步，制作转面细节和高光部分，建立选区，填充透明至白色渐变，如图5-18所示。

图5-18　勾勒电动车主体部分

填充颜色时，注意表面反光区域需要复制两层，如图5-19、图5-20所示。

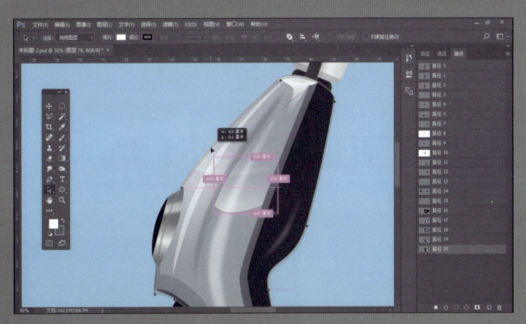

图5-19　填充反光区颜色

图5-20　填充后效果

经过上述步骤得到最终效果图，如图5-21所示。

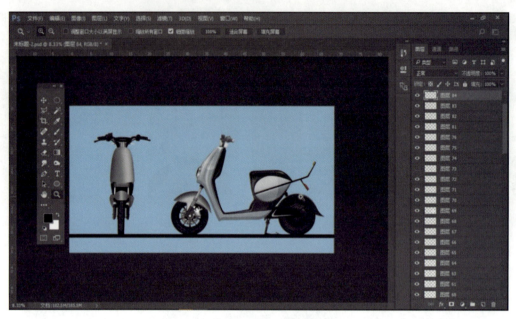

图5-21　最终效果图

运用Alias软件完成电动车的3D模型

3D模型建构视频

（1）建模准备工作

①建模之前首先要设置好建模公差，选主菜单【Preferences】→【Construction Options】，如图5-22所示。

打开界面，点选【Fitting】，根据设计要求修改里面的公差参数值，按用户所需建模精度要求设置即可，精度越小，要求越高。

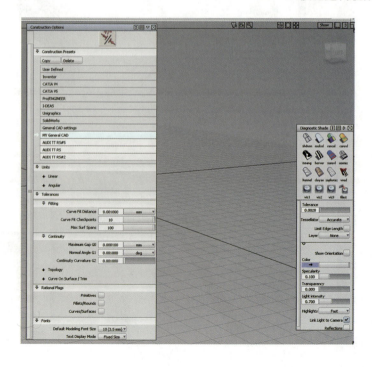

图5-22　设置建模的尺寸标准

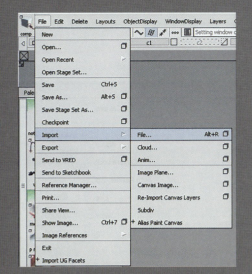

②点击主菜单【File】→【Import】→【File】，导入事先准备好要建模的基础平台、格式为STP的文件，如图5-23所示。导入后如图5-24所示。

图5-23　导入STP格式文件

图5-24　导入效果演示

③将车架导入基础平台，接着导入创意效果图，如图5-25所示。

图5-25　导入的创意效果图

④导入创意效果图一般有两种方法，这里选用相机方式导入视图，一般有三个视图，这样就可以满足三个方向的尺寸要求。但对于此辆车的创意效果图，设计师只提供了两个视图，所以建模过程中的左右宽度方向需要数模师们自己把握。选择【Window】→【Editor】→【Camera Editor】，弹出如图5-26对话框。设置【Camera】为left，点击【Add】，导入后如图5-27所示。（图片必须存放在纯英文路径下，路径不可以有中文。）

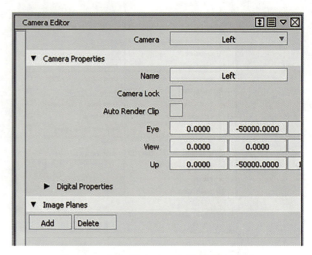

图5-26　导入创意效果图调整视图参数

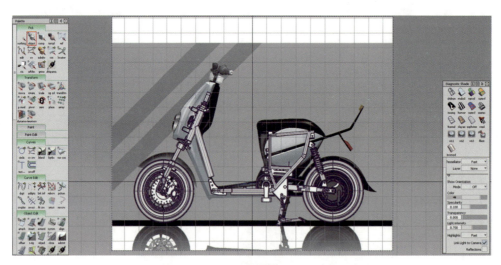

图5-27　调整后的效果图演示（侧视图）

⑤以此方法导入前视图，设置【Camera】为Front，点击【Add】，导入后如图5-28所示。

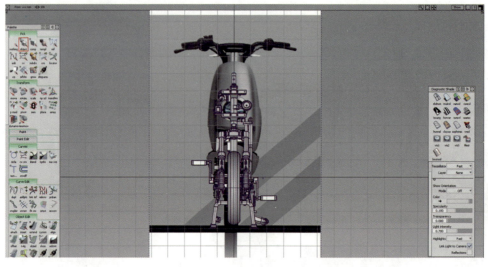

图5-28　调整后的效果图演示（前视图）

⑥导入视图后要调整其大小，选择【Pick】→【Object Types】→【Image Plane】工具，框选导入的视图，选择移动工具，可以打开图中控制器，如图5-29所示。选四个角上的方框等比例调整图片大小，拉动控制器中心移动位置调整视图以配合多个视图及平台的大小。

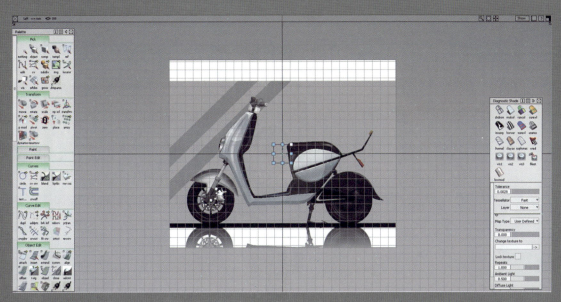

图5-29　调整视图大小

正常情况下，我们只需要点选任意角上的蓝色方框进行调整即可，中间的蓝色方框是非等比例调整图片大小。至此，建模前的准备工作就完成了，接下来就是开始建模了。

（2）电动车前脸的建模

①根据上文中调好的效果图，用曲线的【ep crv】工具画好相应的轮廓线。此时，曲线在中心平面上，根据前视图将曲线调整到空间中，如图5-30所示。

图5-30　绘制前脸部位的轮廓线

②按F4键切换到前视图，根据效果图用【Pick】工具选中【cv】调整前面左视图方向的曲线到所需的空间位置，如图5-31所示。需要注意的是，调整曲线时不能完全按照效果图，有时候要根据实际工程情况。

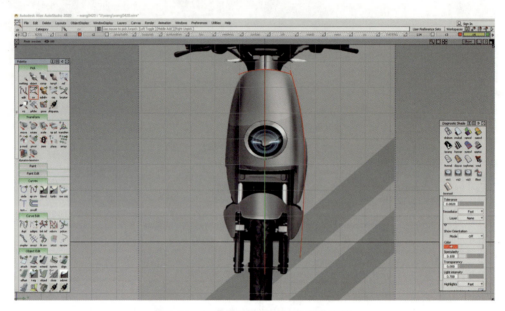

图5-31　绘制前视图前脸部分的轮廓线

③根据构建好的空间曲线来构建曲面。用【Palette】→【Surfaces】→【rail】工具构建曲面，如图5-32所示。

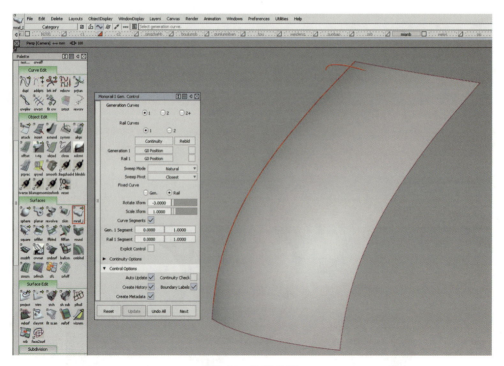

图5-32　构建曲面

　　建好的曲面还需要经过调整才能达到设计师的外形要求，这里我们可以利用强大的【Transform cv】工具来把面调整到造型需要的空间位置。需要注意的是，因为这个设计效果图设计师呈现的是中间面是光顺的G3连续，调整面型时中间两排点需要中对齐，调整cv点时这两排点不能动，否则，中间的连续性就被破坏了，如图5-33所示。

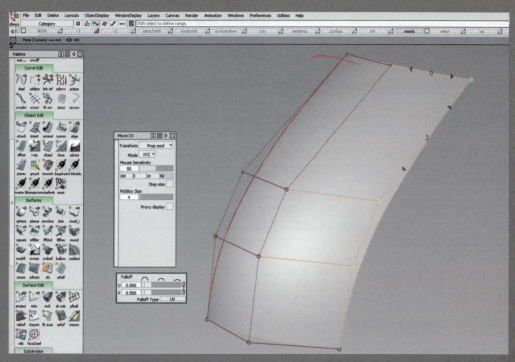

图5-33　调整曲面曲度

　　④用步骤③的方法依次构建前面板的其他曲面，如图5-34所示。

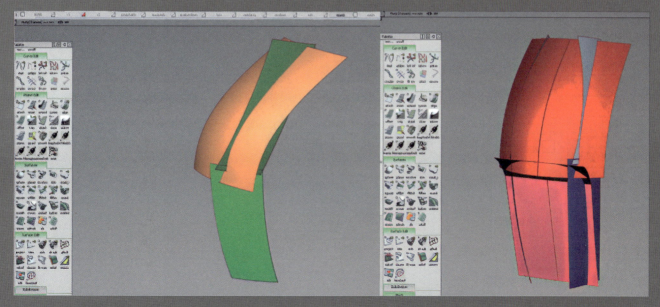

图5-34　调整后的前面板曲面

⑤大面构建完成后，要构建边界曲面。构建边界曲面的常用工具有【Skin】、【Rail】、【Square】等，建好后的效果如图5-35所示。

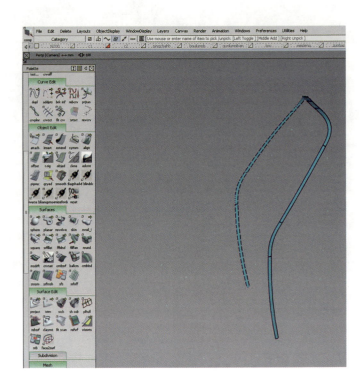

图5-35　构建边界曲面

⑥前面板大面构建完成之后，用【Palette】→【Surfaces】→【srfillet】或者【Palette】→【Surfaces】→【ffblnd】构建过渡曲面，如图5-36所示。需要注意的是，有些地方需要倒圆角，部分地方需要手动补面。

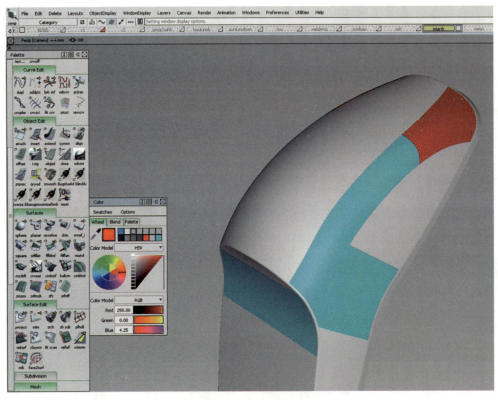

图5-36　构建过渡曲面

图5-37中蓝色红色标示的面
为大面制作好后的过渡曲面。其
中，蓝色的面是倒角成型。有了
前面建好前面板曲面的基础后，
接着用同样的方法来制作电动自
行车的后挡风。

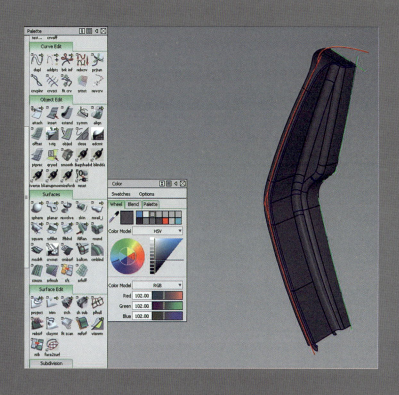

图5-37　制作后挡风部分

先制作好图5-37中的红色及绿色曲线，再用前面几个步骤中提到的建模工具构建曲面。

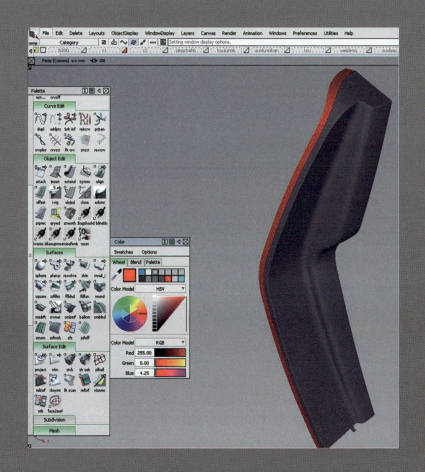

⑦根据步骤⑥中建好的曲线及
前面板的面，建工具箱的边界曲
面，如图5-38所标示的红色面。

图5-38　建工具箱的边界曲面

⑧利用步骤⑥建好的曲线及步骤⑦建好的边界曲面，建工具箱的主曲面，如图5-39中所示的蓝色曲面。

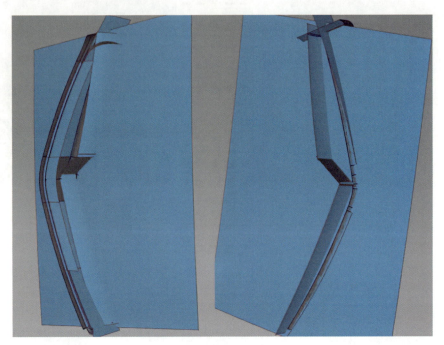

图5-39　建好的边界曲面

主面铺好后，利用【Palette】→【Surfaces】→【srfillet】及【Palette】→【Surfaces Edit】→【trim】工具制作过渡面。做好的效果如图5-40所示的左侧的蓝色主面和右侧的红色过渡面。

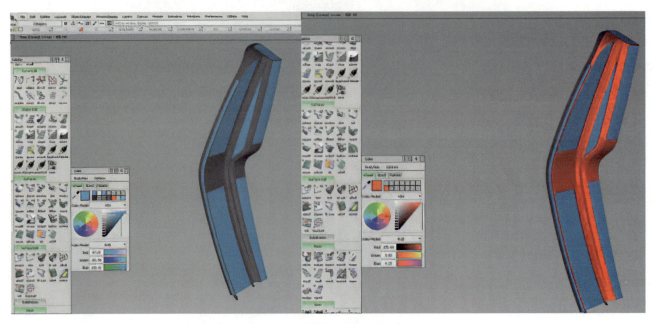

图5-40　建好的主面和过渡面

（3）电动车的中间部分（脚踏板与边条）建模

①按F6键将视图切换到左视图，根据设计师设计的侧视图用【ep crv】画好相对应的轮廓线，此时的曲线在中心平面上，还要根据顶视图将曲线调整到空间中，如图5-41所示。

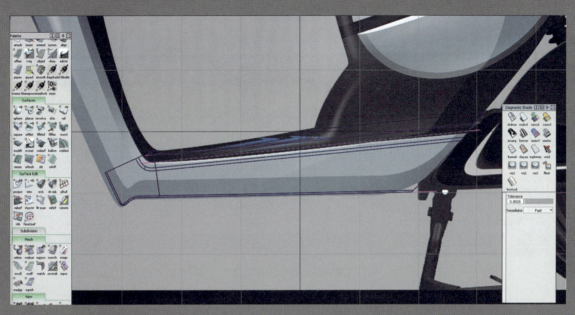

图5-41　制作电动车的中间部分

此处要注意的是，由于设计师只制作了侧视图与前视图，没有顶视图，所以调整车身中间部分宽度前端时，曲线要对齐前部面型的宽度，后面根据经验确定相应的宽度。如图5-42所示，橙色线条前端要与后挡风下端绿色标注线处于同一焦点。

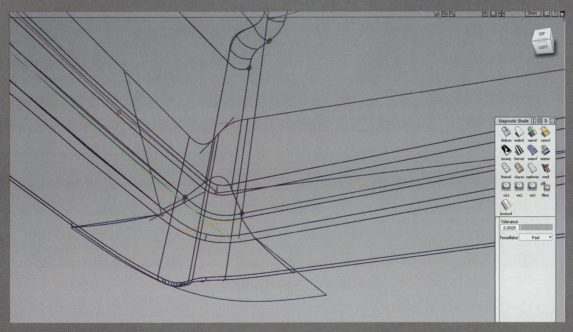

图5-42　对齐焦点

②根据绘制好的曲线，利用【Palette】→【Surfaces】→【rail】及【skin】工具绘制图5-43的主体曲面。

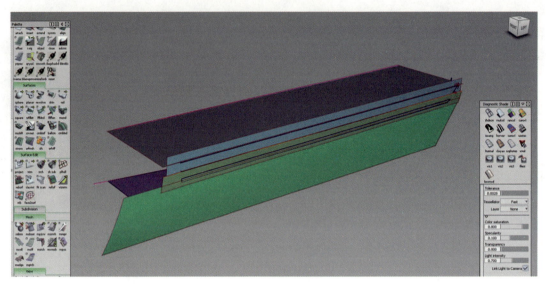

图5-43　绘制主体曲面

③脚踏板与边条主曲面建好后，利用【Palette】→【Surfaces】→【srfillet】及【Palette】→【Surfaces Edit】→【trim】工具绘制前围与边条以及后挡风与脚踏板之间的过渡曲面，如图5-44的红色面。

图5-44　制作过渡曲面

根据侧视图建立的边界曲线，用【Palette】→【Surfaces Edit】→【project】以及【Surfaces Edit】→【intersect】工具在曲面上投影出cos线，然后利用cos线剪切出形状，如图5-45所示。

图5-45　剪裁形状

裁剪好后，做细节小圆角的处理，最终呈现的效果如图5-46所示。

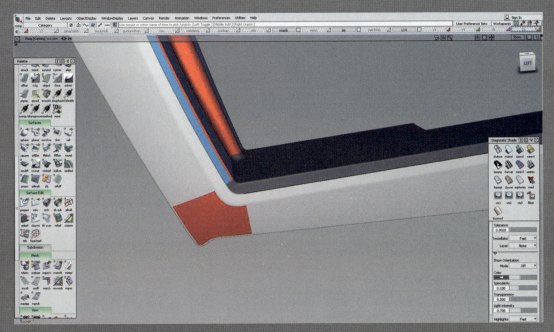

图5-46　细小圆角的处理

值得注意的是，关于数模具体的造型趋势及造型面的饱满度要求，需要在制作的过程中不断地与设计师沟通。当然，如果设计效果三视图比例精准，将有效提升设计的效率。

（4）后部（装饰板、中央罩以及座包等）建模

①用【Palette】→【Curves】→【ep crv】工具根据侧视图制作出相应的曲线，如图5-47、图5-48所示。

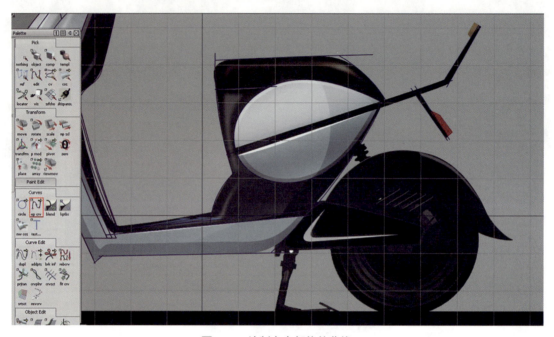

图5-47　绘制车座部位的曲线

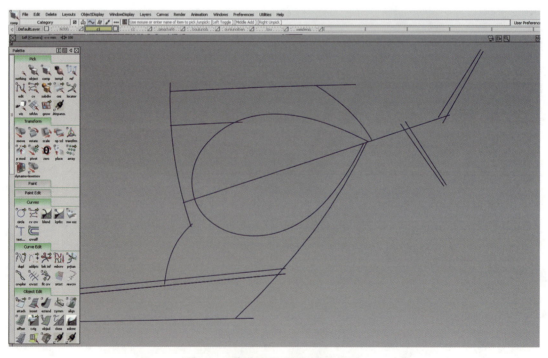

图5-48　隐藏图层后得到的线框图

②步骤①中制作出来的曲线都是在中心平面上的,需要利用顶视图把曲线调整到所需造型的空间位置中。这个构件设计师没有提供顶视图,所以只能根据国家法规范围和建模工程师的经验建模,在建模的时候也可以推敲设计师想要的造型。按照上面的思路用【rail】、【skin】、【square】工具建立主曲面,如图5-49中橙色所标识的面。建好主面后,用【srfillet】工具建图5-49中的灰色过渡面。

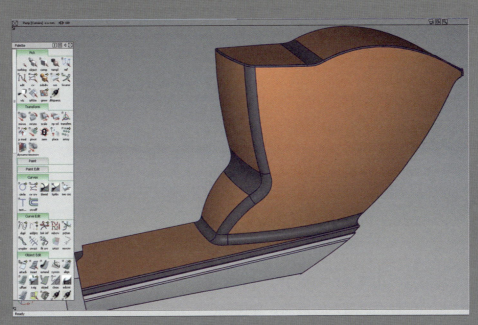

图5-49 建立主曲面

③同理,用【skin】、【rail】、【square】、【trim】等工具建如图5-50所示的灰色主装饰面。

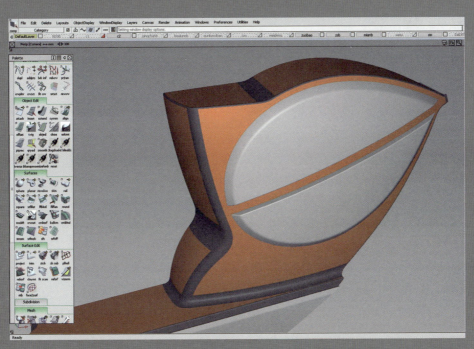

图5-50 建灰色主装饰面

④用步骤③中的工具建座包主面，如图5-51所示。

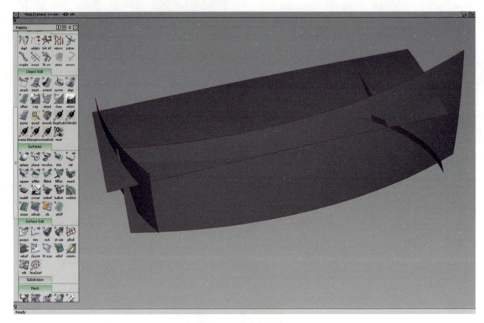

图5-51　建座包主面

⑤座包主面建好后，用【srfillet】、【ffblnd】工具依次建立座包的过渡曲面。依次制作绿色过渡面、橙色过渡面、蓝色过渡面，如图5-52所示。至此，基本完成后部面建模。

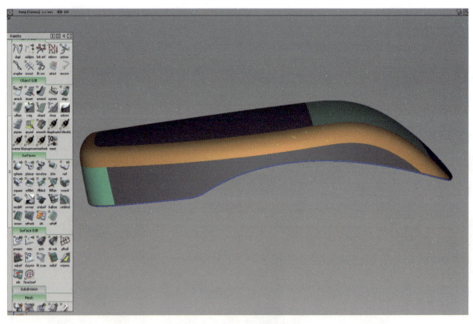

图5-52　建座包过渡曲面

（5）制作尾翼铝合金件的面型

①用步骤（4）的方法结合建好的尾翼曲线建出相应的主曲面，如图5-53所示。

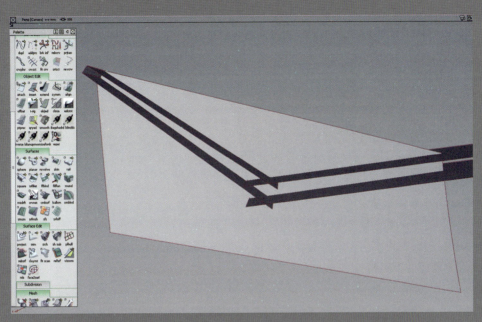

图5-53　结合建好的尾翼曲线建出相应的主曲面

②同理，用【srfillet】依次制作橙色、蓝色的过渡面，如图5-54所示。

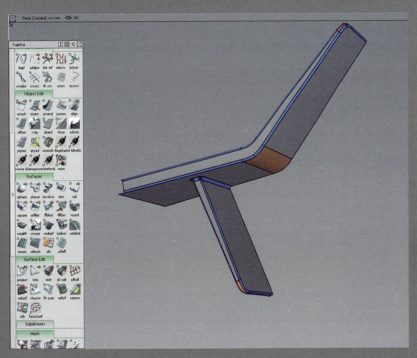

图5-54　依次制作橙色、蓝色的过渡面

③尾翼建模完成后，在尾翼上加上海绵靠垫以及后尾灯的造型面，如图5-55所示的靠背和图5-56所示的尾灯面。

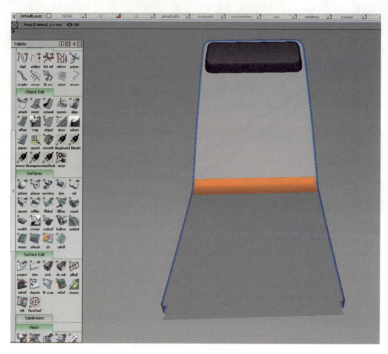

图5-55　靠背造型

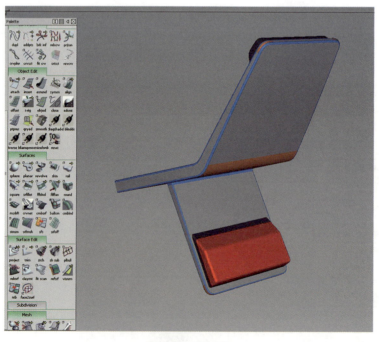

图5-56　尾灯面

（6）前大灯模型的制作

①用【Palette】→【Curves】→【circle】工具在前视图上画一个圆，注意要中心对称，如图5-57所示。

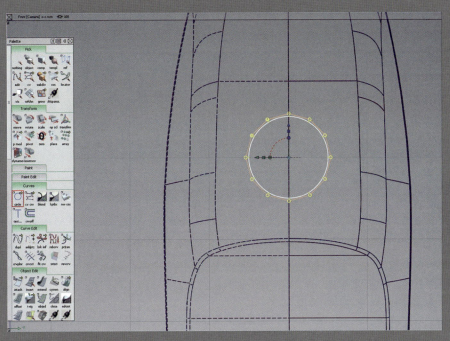

图5-57　在前视图上画一个中心对称圆

②用【Palette】→【Transform】→【scale】工具把圆曲线调整至设计师要求的椭圆形状。用【Palette】→【ObjectEdit】→【offset】工具在面板主面上执行偏移命令，新生成一个间隔4mm的曲面，如图5-58所示。

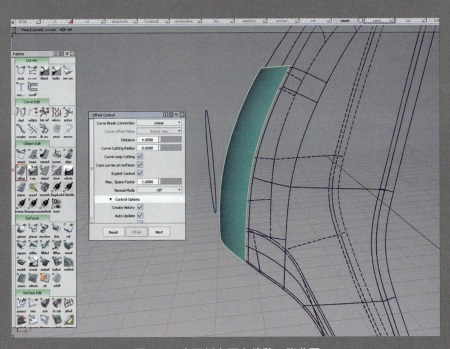

图5-58　在面板主面上偏移一张曲面

③把视图调整到前视图，用【Palette】→【Surfaces Edit】→【project】工具在上一步骤偏置出4mm的面上投影一条cos线，如图5-59所示。

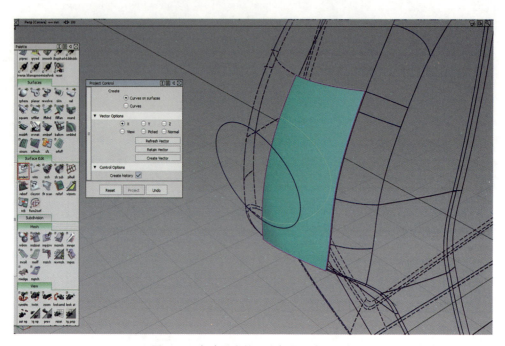

图5-59　在偏置出的面上投影一条cos线

用【Palette】→【Surfaces】→【msdrft】工具拉伸出灯罩的侧面，如图5-60所示。

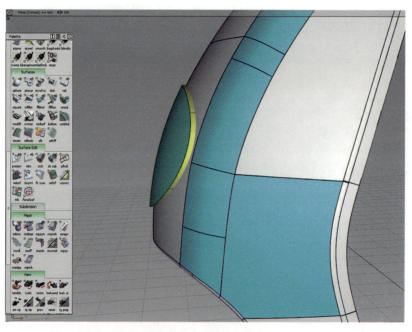

图5-60　拉伸出灯罩的侧面

然后，用【倒角】工具制作圆角，灯罩效果如图5-61所示。

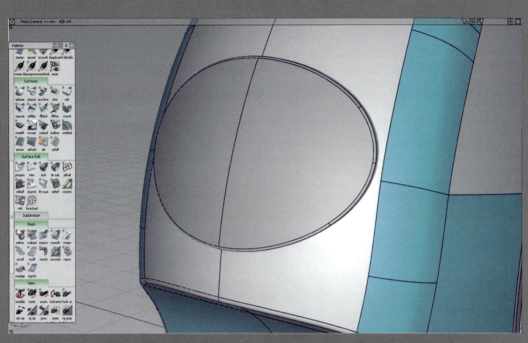

图5-61 用【倒角】工具制作圆角

④灯罩建模完成后，根据灯罩面建灯具的内饰面。灯具的内饰面一般分为主照明的透镜、黑框与透镜装饰件。

首先要确定凸透镜的位置，利用【Palette】→【Surfaces】→【sphere】工具在前视图对称中心位置画一个圆球，然后用【Palette】→【Transform】→【scale】工具缩放圆球的形状使其匹配外灯罩的造型，如图5-62所示。

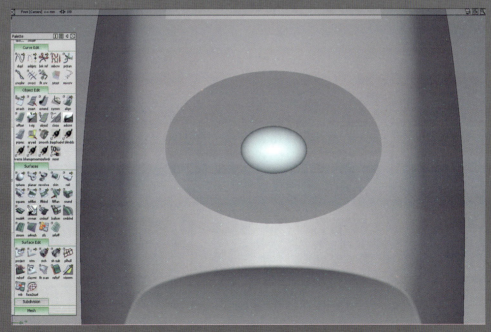

图5-62 制作透镜

用【Palette】→【Transform】→【move】工具把椭圆透镜调整到所需的位置，照明透镜一般距离灯罩外侧壁30～40mm。上下方向的位置由具体造型决定。

⑤定好透镜位置后，用【skin】、【rail】、【square】、【trim】等工具制作黑色支架，如图5-63中的黑框装饰件。需要注意的是，黑框装饰件外侧面与灯罩外侧面要保留4mm的间隙。

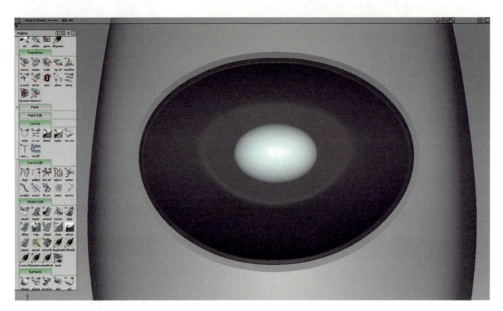

图5-63 制作黑色支架

⑥同理，用【skin】、【rail】、【square】、【trim】等工具建透镜装饰件。图5-64所示为透镜周边的银色装饰件。

图5-64 透镜周边的银色装饰件

至此，整车主体及灯具主要曲面建立完成。最终效果如图5-65、图5-66所示。

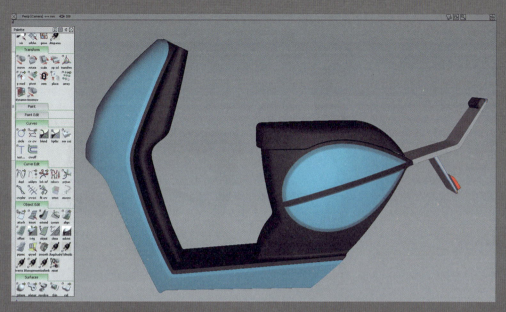

图5-65　整车主体效果

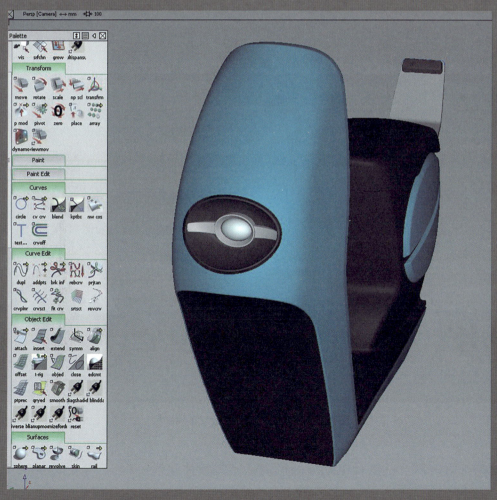

图5-66　车灯效果

（7）其他通用部件设计

①制作前轮泥板、后轮泥板、平叉护板，如图5-67所示。

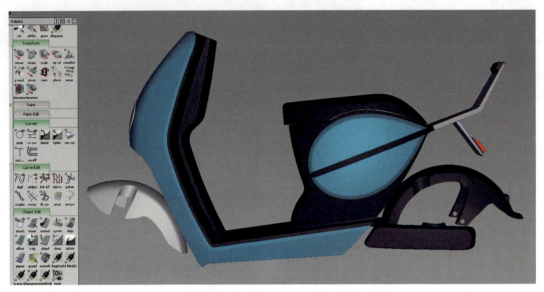

图5-67　制作前轮泥板、后轮泥板、平叉护板部件

②整车塑件部分基本齐全，与车架平台整合，如图5-68所示。

图5-68　整合整车塑料部分与车架平台

由于篇幅有限，以上仅结合电动车外形演示相关软件建模过程。

5.4
产品三维效果图渲染

（1）结构拆解

图5-69为产品模型结构拆解图。

图5-69　结构拆解图

（2）渲染效果图

经过渲染得到最终效果图，如图5-70所示。

图5-70　渲染效果图

电动车设计鉴赏

（1）BRP概念电动车

BRP概念电动车被描述为"城市和郊区的个人、共享和商业移动解决方案"。新产品的开发目的是满足不同需求——骑行于城市开阔道路和乡野。BRP概念电动车设计图如图5-71所示。

图5-71　BRP概念电动车设计图[1]

（2）Springtime Bolt电动车

　　这款由设计师Springtime打造的Bolt Electric Bike概念电动车外形简约大气，去除了传统机车的燃料箱和燃烧引擎等，配合冷峻的色彩、流畅的具有运动感的线条，以及厚实强健的外形，颇具视觉冲击力（图5-72）。它拥有80kW双电动马达和利于车辆夜间行驶的LED照明系统。

Springtime Bolt Electric Bike

图5-72　Springtime Bolt电动车^❷

---

❷图片来源：https://www.autoevolution.com/news/springtime-bolt-electric-bike-concept-has-infinite-cool-factor-50576. htm. 2022-6-19.

⭐ **项目考核**

考核方法:

❶ 在规定时间内,完整表现一个电动车的设计方案,色彩比例协调,材质结构表达清晰。

❷ 参考指标:作品表现美度25%,表现技法应用25%,作品完成度25%,互动态度25%。

考核要点:

❶ 材质表现真实。

❷ 比例准确。

❸ 在熟练掌握以上知识的前提下,能够基本理解电动车产品设计。

❹ 掌握Photoshop和Alias软件命令。

自学:电动车设计的要素及未来的发展趋势(建议学生提供分析报告)。

⭐ **项目学习的建议和条件**

❶ 实际感受和观察电动车的特点和产品美学、比例等属性。

❷ 准备电脑、手绘工具及油泥模型等。

6. 城市客车设计

⭐ **学习目标**

① 熟悉城市客车产品的设计表现特点，加深对效果图表达的理解，提升图面表现的美学修养；

② 掌握市场调研的技巧，了解司机、乘客、企业三方对城市客车产品的要求；

③ 培养学生的沟通协调能力和团队协作能力及解决实际问题的综合能力。

⭐ **学习重难点**

① 城市客车产品的结构和工艺特点；

② 城市客车的设计流程和设计要素。

城市客车设计解读

6.1

城市客车产品分析研究

随着我国城市机动车拥有量快速增长，城市交通拥堵状况日益加剧，同时，机动车排放造成的空气污染在城市大气污染中的占比越来越高。为了更好地解决上述问题，我国政府鼓励优先发展公共交通，而城市客车是城市公共交通的重点和关键。

6.1.1 城市客车产品的特点

城市客车，是用于在城市或城郊载送乘客的客车，车内设有座位和供乘客站立与走动的通道（图6-1）。城市客车的踏步板和地板较低，一般有两个以上的车门和足够的空间便于乘客上下车。过去，城市客车大多由载货汽车改装而成；现代城市客车，其底盘一般是根据客车的要求专门设计制造的。发达国家的城市客车，均已实行无人售票，因此装有收款机或验票机。我国的城市客车，已逐步推广无人售票。城市公共交通具有载客量高、占地面积小、环境外部成本低、能耗低的特点。

图6-1 城市客车

6.1.2 城市客车的设计和发展趋势

（1）车型趋向智能化

伴随着智慧城市的发展，城市客车体现出智能化的发展趋势，城市客车配备各种自动装置，国内部分企业利用物联网原理，对车辆运行的状况进行整体监控，利用客车的全天候检测系统，为客户的车辆运行提供保障。

（2）车辆技术含量越来越高，生产方式趋向轿车化

城市客车采用无大梁结构和全承载式车身，其技术含量和制造难度将会超过公路客车和旅游客车，客车的生产方式趋向轿车化。

（3）公交客车保有量和车型结构比例渐趋合理

目前，我国城市公交车辆每年净增1.5万～2万辆，实际市场销售量每年为3.5万～4万辆。市场需求总趋势为总量协调、持续增加，市场需求的车辆档次逐步提高。

（4）未来发展体现个性化趋势

城市公共交通是城市运行的重要保障。城市客车是体现城市特色的重要载体，城市客车设计需要关注城市的文化特色，在外形设计中体现城市的特点，彰显城市的魅力。

6.1.3 城市客车外形和结构分析

为了提升内部空间的容纳量和满足公共交通需要，城市客车的外形以方形造型为主，整体偏方正，在细节上进行小圆角处理，体现出对乘车安全性、舒适性的重视。

城市客车的结构如图6-2所示，其整体包含底盘和车身两个部分，在外形上分为前围、中部和后围三个部分。其中，前围包含风挡玻璃、前灯、装饰件和雾灯等部件，后围包含后风挡、后尾灯和后舱门等部件，中部包含侧窗、车门和轮子等部件。另外，还有后视镜和空调外机等部件。

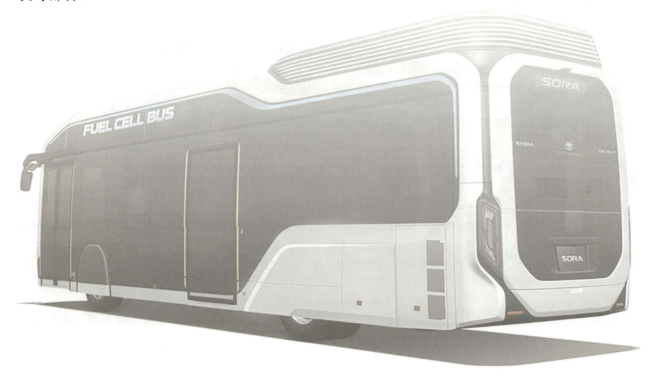

空调等
相关附件

前围

侧面

前门

底盘

驾驶区

后风挡

后尾灯
后部

前大灯
装饰件

雾灯

图6-2　城市客车的结构

6.1.4　国内外城市客车品牌产品

（1）国外知名品牌城市客车产品

国际上的城市客车以方形为主，这和城市客车的实用性有关，方形的车辆能提供比较宽敞的内部空间，满足城市的公共交通需要，如图6-3所示。

图6-3　国外知名品牌城市客车

（2）国内知名品牌城市客车产品

国内城市客车发展迅速，在外形设计方面，经过学习和借鉴国外客车的外形设计方法，逐渐形成了自己的设计风格。国内企业郑州宇通集团有限公司、金龙联合汽车工业（苏州）有限公司等通过良好的外形设计和不断进步的产品技术品质赢得了市场的认可，如图6-4所示。

图6-4　国内知名品牌城市客车

6.2

产品定位及创意表现

6.2.1　产品定位

按照客户的要求，该款城市客车产品的设计定位为中端车型，适用于城市中短途公共交通运输，车身长度为8.1m。外形设计方面体现出现代感、安全感和力量感。在细节上，能够体现出灵活性，前后围部件便于维修和保养。

6.2.2　创意草图

产品创意草图手绘过程如图6-5～图6-10所示。

手绘草图视频

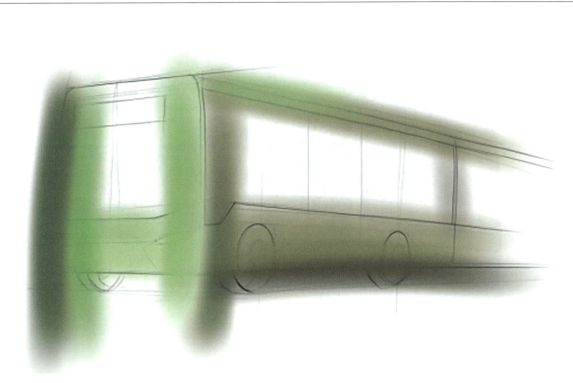

图6-5　起稿上基本颜色

图6-6　运用【喷笔】工具给玻璃上色

图6-7 擦除多余部分

图6-8 绘制玻璃转角高光和反光部分

图6-9 绘制车轮及其他细节部分

图6-10 最终效果手绘稿

6.2.3 2D效果图制作

为更好地展示设计的效果，运用2D软件对前45°视图的客车进行效果图表现。这里主要使用Photoshop软件绘制产品效果图。

2D效果图制作步骤如下：

①使用【钢笔】工具勾画出整车的轮廓，填充底色，如图6-11所示。随后，使用【钢笔】工具勾画出车窗轮廓并填充黑色，如图6-12所示。

2D效果图
制作视频

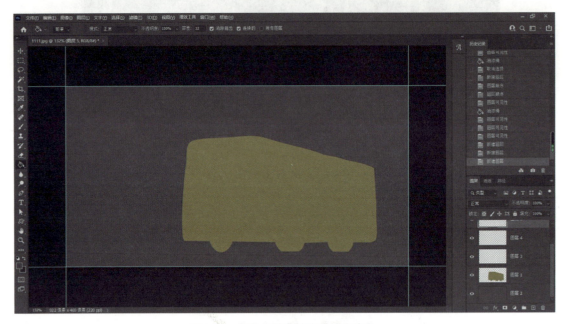

图6-11　勾勒出整车轮廓并填充底色

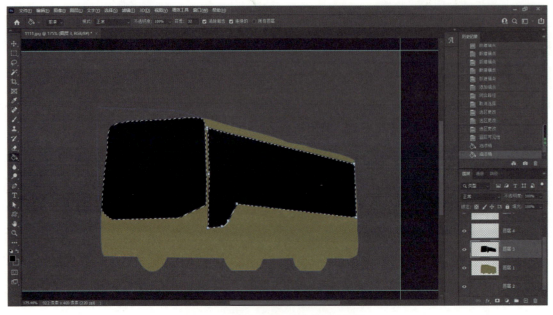

图6-12　勾勒出车窗轮廓并填充黑色

②使用【钢笔】工具勾选车辆暗部区域，使用【渐变】工具将其颜色加重，如图6-13所示，后使用【柔性橡皮】工具将硬边擦拭柔和，如图6-14所示，继续完善车头细节。

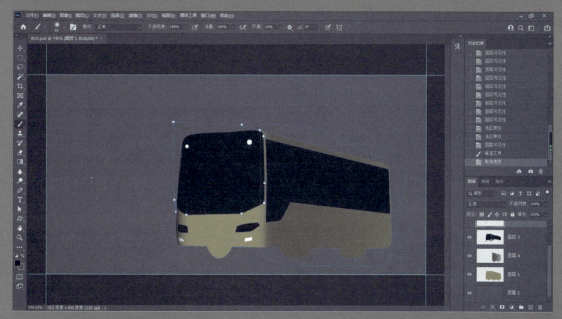

图6-13　勾选车辆暗部区域

图6-14　局部柔化处理

③使用【钢笔】、【油漆桶】和【渐变】工具继续完善车头细节部分，如图6-15所示。

图6-15　完善车头细节部分

④使用【钢笔】工具对轮胎区域填充黑色及作出轮毂部分，如图6-16所示。

图6-16　制作轮毂部分

⑤使用【钢笔】工具勾出分模线位置，使用【描边】命令对路径填充黑色与白色作出分模线。随后使用【描边】命令画出转折面高光，使用【高斯模糊】命令将白色线条变柔和，如图6-17、图6-18所示。

图6-17　制作车身分模线

图6-18　制作挡风玻璃转折面的高光

⑥使用【钢笔】工具与【渐变】工具勾勒出右侧玻璃反光，并画出地面投影，同时将后视镜等车身附件添加到客车的外形上，如图6-19所示。

图6-19　制作右侧玻璃反光和地面投影

6.3

3D模型建构

3D模型建构视频

①使用【曲线】工具画出整车六个大面，注意大小，便于后期相交剪裁，如图6-20所示。

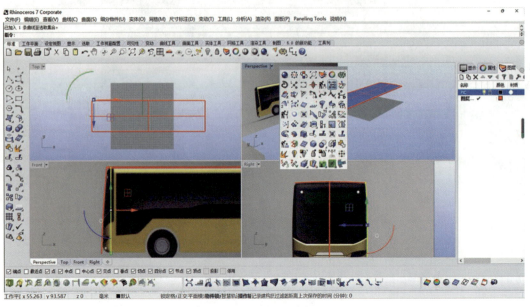

图6-20　画出整车的六个面

②对六个大面进行剪裁与倒角，如图6-21所示。

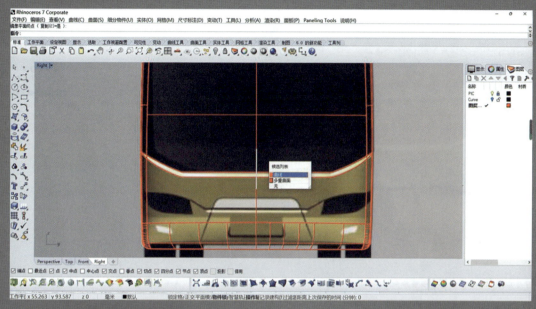

图6-21　对六个大面进行剪裁与倒角

③在三维软件中，参照效果图，使用【曲线】命令勾出车灯位置，并对其进行剪裁及倒角，如图6-22所示。

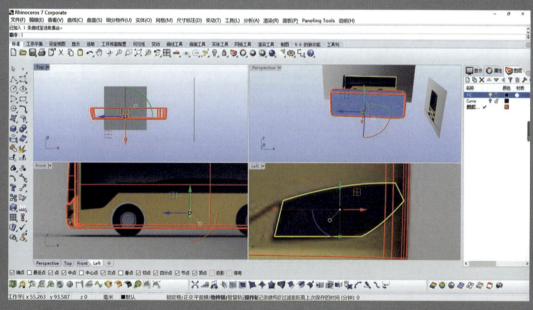

图6-22　勾出车灯位置，并对其进行剪裁及倒角

④使用【曲线】对分模线位置进行剪切与倒角，如图6-23所示。

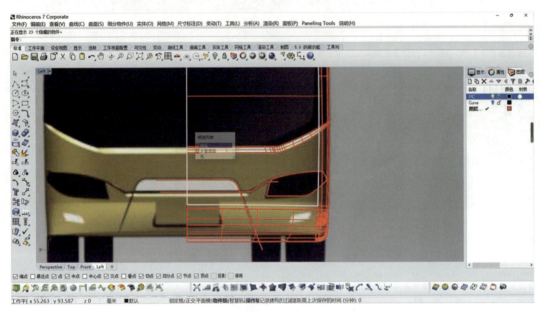

图6-23 对分模线位置进行剪切与倒角

⑤部分区域出现倒角失败情况，对其进行手动修补，如图6-24所示。

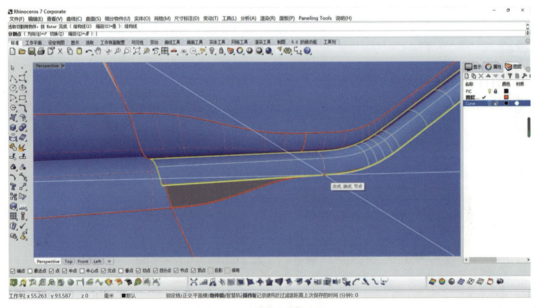

图6-24 手动修补失败倒角

⑥使用【变形】工具对车牌照部位的曲面进行调整，如图6-25所示。

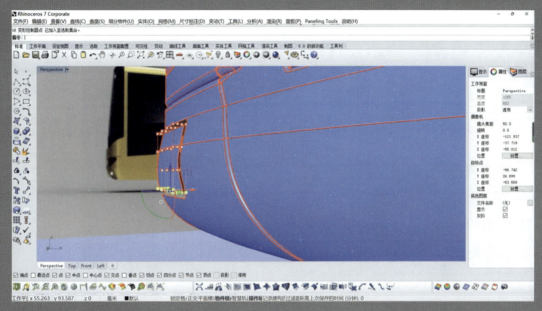

图6-25　对车牌照部位的曲面进行调整

⑦对调整后的部位进行混接，如图6-26所示。

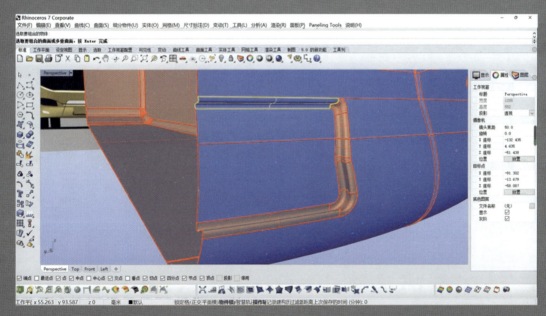

图6-26　对调整后的部位进行混接

⑧使用【曲线】命令对车轮部分进行切割，如图6-27所示。

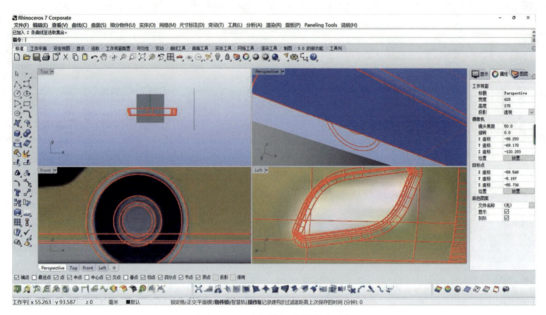

图6-27　对车轮部分进行切割

⑨使用【旋转成型】命令作出车轮部分，如图6-28所示。

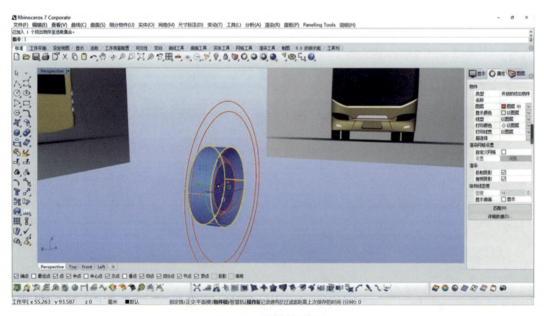

图6-28　制作车轮部分

⑩使用辅助面对车头进行切割，作出车头部分的分模线，如图6-29所示。

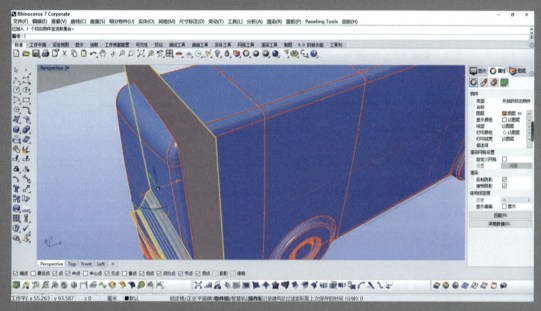

图6-29 对车头进行切割，制作车头部分的分模线

⑪裁去多余曲面，对剩余部分进行组合与倒角，如图6-30所示。

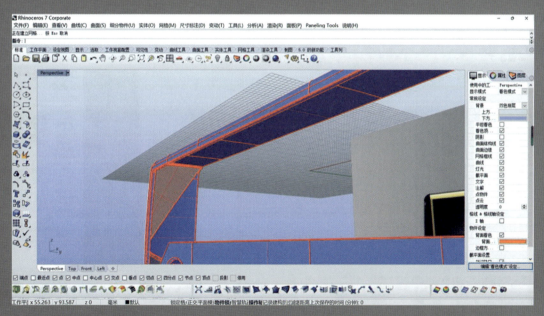

图6-30 裁去多余曲面并对剩余部分进行组合与倒角

⑫同理，作出车尾部分的分模线，如图6-31所示。

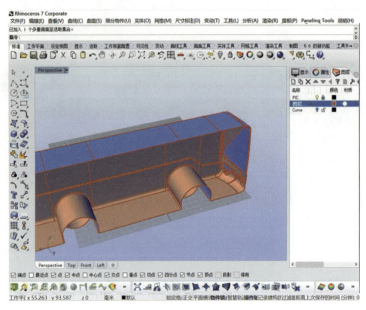

图6-31　作出车尾部分的分模线

⑬使用【曲线】命令对车后引擎盖进行切割，制作出细节，如图6-32所示。

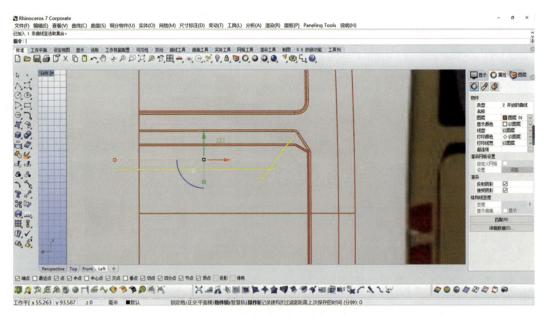

图6-32　对车后引擎盖进行切割

⑭使用【曲线混接】命令，制作出车灯的外轮廓线，如图6-33所示。

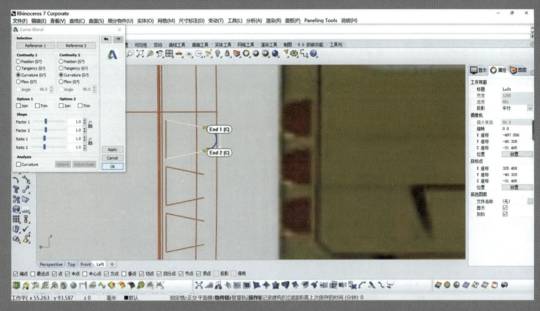

图6-33 制作车灯的外轮廓线

⑮延伸曲面，对车灯部分进行切割，如图6-34所示。

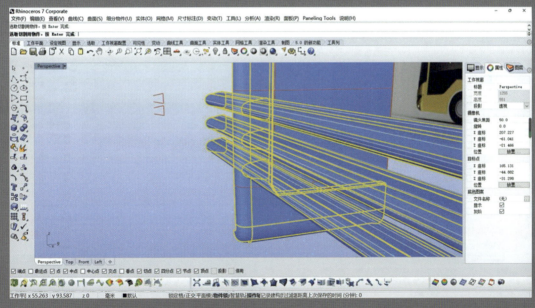

图6-34 延伸曲面，对车灯部分进行切割

⑯对车灯部分进行偏移加厚与倒角，如图6-35所示。

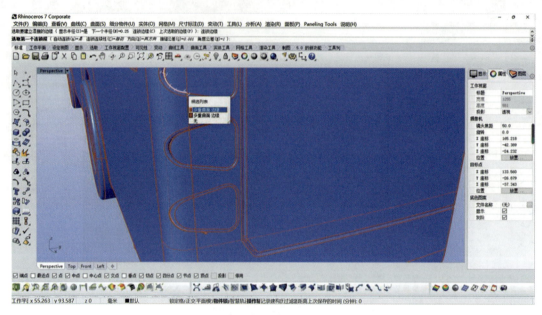

图6-35　对车灯部分进行偏移加厚与倒角

⑰使用曲线对后牌照部分进行切割与混接，如图6-36所示。

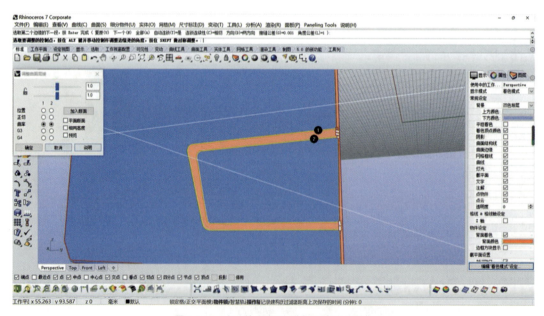

图6-36　对后牌照部分进行切割与混接

⑱对后保险杠部分进行分割，如图6-37所示。

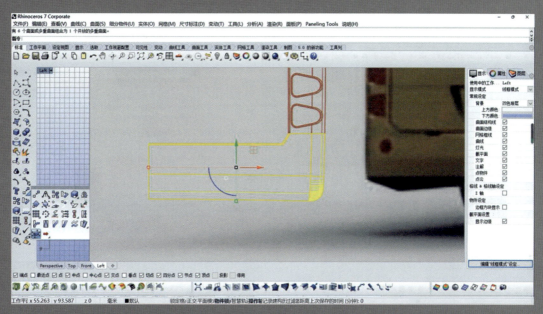

图6-37　对后保险杠部分进行分割

⑲使用【变形】工具对后保险杠部分的曲面进行调整，如图6-38所示。

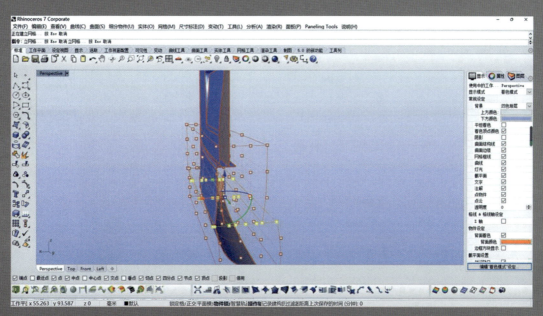

图6-38　对后保险杠部分的曲面进行调整

⑳对车窗部分进行曲面偏移与倒角，作出车窗部分的分模线，如图6-39所示。

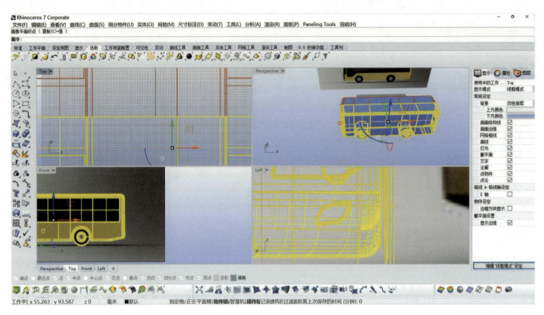

图6-39　制作车窗部分的分模线

㉑最后完善车体的一些细节，如图6-40所示。

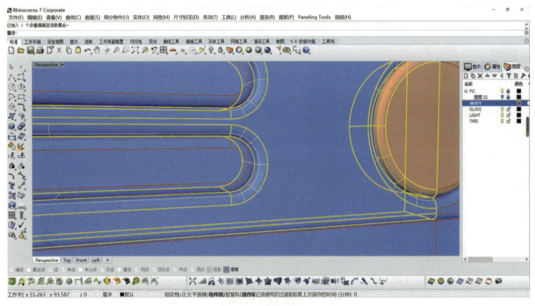

图6-40　完善车体细节

图6-41为城市客车的最终渲染效果图。为更好地展示产品的效果，可以运用Photoshop软件对效果图的背景和细节进行适当的处理，根据需要对车身的对比度和明度等效果进行调整。

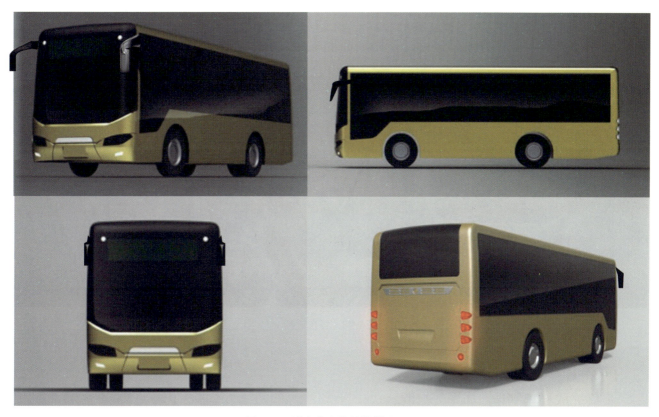

图6-41　城市客车的渲染效果图

产品模型制作

（1）产品模型

结合三维数字模型，制作小比例实体模型，如图6-42所示。

图6-42　产品模型

（2）样车试制

如图6-43所示，在方案确定后，根据产品的参数，完成各个部件的试制，并进行组装。

图6-43　样车试制

（3）样车制作

最终完成样车制作，如图6-44所示。

图6-44　城市客车样车

6.5

城市客车设计鉴赏

（1）丰田Sora燃料电池巴士

丰田Sora燃料电池巴士如图6-44、图6-45所示。

"Sora"指代的是天空（Sky）、海洋（Ocean）、河流（River）、空气（Air），即水循环路径，表明由清洁、可再生能源氢气驱动的Sora巴士致力于实现零排放。Sora燃料电池巴士的动力总成包括两个114kW的燃料电池组和双电机驱动，拥有113kW功率和355N·m最大扭矩。另外，还配备一个相当小的镍氢电池（NiMH）以及10个氢气罐，总容量为600L。

Sora燃料电池巴士能够容纳多达79名乘客，即22名坐在座位上的乘客和56名站立的乘客，以及1名司机。Sora燃料电池巴士车身长度为10525mm，宽度为2490mm，高度为3340mm。其车内设计旨在满足不同数量的乘客需求。Sora燃料电池巴士中的水平座椅可折叠起来，以便为婴儿车或轮椅提供空间。其具有外围监控、加速控制、自动到达控制及车辆对外界通信应用等功能。外围监控利用Sora燃料电池巴士内外的8台高清摄像机，检测行人、自行车和其他障碍物，以便通过声音和图像提醒驾驶员。自动到达控制系统使公共汽车准备停靠时，从站牌10cm内转向站牌边缘3～6cm处，以改善乘客的上车体验，特别是那些推婴儿车或坐轮椅的乘客。

Concept bus design

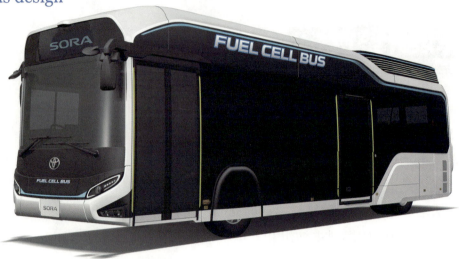

图6-45　丰田Sora燃料电池巴士外部 ❶

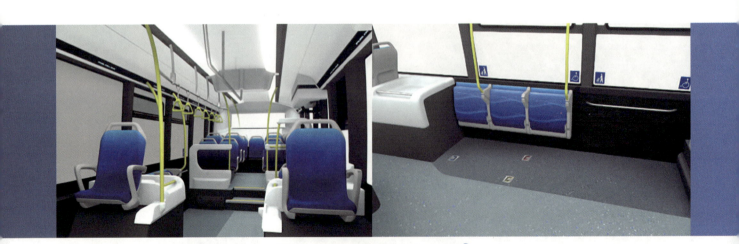

图6-46　丰田Sora燃料电池巴士内部 ❷

❶图片来源：magyarbusz.info.2022-6-19.
❷图片来源：https://baijiahao.baidu.com/.2022-6-19.

（2）Wrightbus和沃尔沃推出的混合动力双层巴士

Wrightbus基于沃尔沃底盘推出新版本的混合动力双层巴士。该新巴士车身保留了上一代伦敦巴士的双层外观，总长度为10.6m，有两扇门和一个楼梯。

从车身的角度来看，该产品力求实现备件的高度通用性，从而优化售后服务。

图6-47 Wrightbus和沃尔沃联合推出的混合动力双层巴士

★ **项目考核**

考核方法：
❶ 在规定时间内，完整表现一个城市客车的设计方案，色彩比例协调，材质结构表达清晰。
❷ 参考指标：作品表现美度25%，表现技法应用25%，作品完成度25%，互动态度25%。

考核要点：
❶ 材质表现真实。
❷ 比例准确。
❸ 在熟练掌握以上知识的前提下，能够基本理解城市客车产品设计。
❹ 掌握Photoshop和Rhinoceros软件命令。

自学：城市客车设计的要素及未来的发展趋势（建议学生提供分析报告）。

★ **项目学习的建议和条件**

❶ 实际感受和观察城市客车的特点和产品美学、比例等属性。
❷ 准备电脑和手绘工具等。

7. 越野车设计

⭐ **学习目标**

① 熟悉越野车的设计表现特点，加深对效果图表达的理解，提升图面表现的美学修养；

② 掌握市场调研的技巧，了解驾驶员、企业两方对越野车的要求；

③ 培养学生的沟通协调和团队协作能力及解决实际问题的综合能力。

⭐ **学习重难点**

① 越野车的结构和工艺特点；

② 越野车的设计流程和设计要素。

越野车设计解读

越野车产品分析研究

7.1.1 越野车产品的特点

越野车是一种为越野而特别设计的汽车，可以适应各种路面状况（图7-1）。其主要特点是四轮驱动，拥有较高的底盘、较好抓地性的轮胎、较高的排气管、较大的马力和粗大结实的保险杠。

图7-1　传统能源越野车和新能源越野车

7.1.2 越野车的设计和发展趋势

随着技术的不断进步，用户对汽车驾驶有了更多的期待，厂家也通过不断提升产品的体验感来赢得用户的好感。智能化成为越野车的发展趋势，人工智能和AI算法不断被运用于车辆的设计中。为了更好地显示车辆的智能性，在外形设计方面，电子化和智能化也成为发展趋势，如图7-2所示。

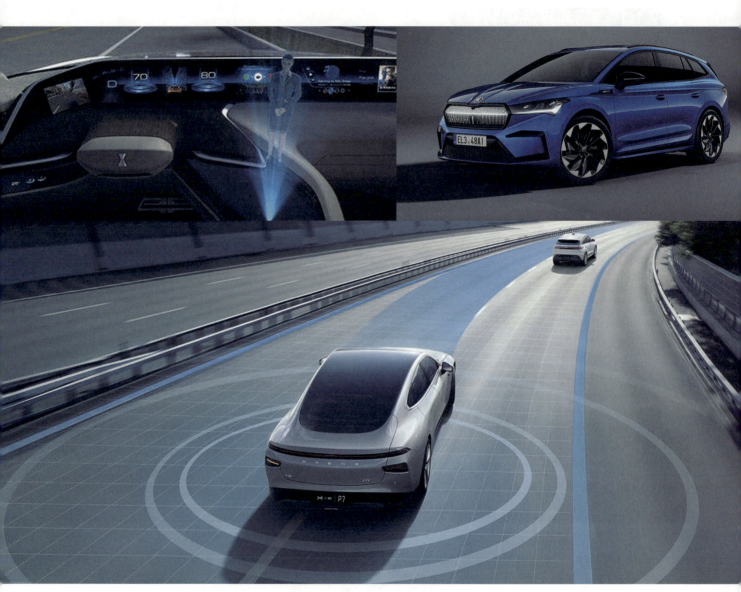

图7-2　越野车的设计和发展趋势

7.1.3 越野车的外形解构

越野车的外形元素主要包括引擎盖、前保险杠、前大灯、雾灯组合、轮胎组合、前翼子板、后视镜、前门、后门、侧窗、后保险杠、后尾灯组合、后舱门、车顶、车架、车门组合、后风挡和前风挡等部件，如图7-3所示。

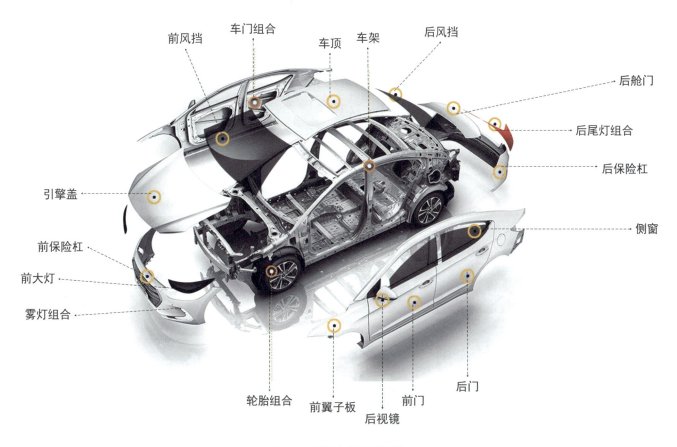

图7-3　越野车的外形解构

7.1.4 越野车品牌分析

（1）日系越野车

日系越野车的外形具有东方文化的内敛，处处体现东方的审美风格，追求细节的精致。例如，马自达汽车在外形设计方面以中国的汉字作为设计的源头，追求线条的灵动和书法的韵味结合，体现出东方文化独有的内涵；本田汽车的前进气格栅采用大嘴式设计，中央镀铬饰条两端融入大灯组内部，设计更显年轻，如图7-4所示。

图7-4　日系越野车

（2）欧系越野车

欧系越野车的外形呈现硬朗感和艺术性相结合的特点。德国品牌宝马、大众的越野车，在外形风格方面，呈现出较强的品牌延续性。法国品牌越野车的外形除具有较强的延续性特点之外，也将法兰西的浪漫主义融入产品的外形设计之中，如图7-5所示。

图7-5　欧系越野车

（3）美系越野车

美系越野车的外形风格与欧系越野车比较接近，但美系越野车的体量较大。福特、通用等传统的汽车品牌依旧占据美国主流市场，但特斯拉等新能源品牌的强势出现，给传统汽车品牌带来了前所未有的冲击。新能源车辆在外形上谋求创新，但也考虑用户的接受程度，真正在售的车辆还保持着传统车辆的外形风格，如图7-6所示。

图7-6　美系越野车

（4）国产越野车

国产越野车的设计水平逐年提升。在传统能源越野车领域，长城、上汽集团等企业的产品表现较为突出，因具有较高的性价比和漂亮的外形受到消费者的喜欢。在新能源越野车领域，蔚来、理想和哪吒等品牌较为领先，和传统的品牌相比，由于不受既有风格的影响和限制，在外形方面有较大的突破，如图7-7所示。

图7-7　国产越野车

7.2

产品定位及创意表现

7.2.1 产品定位

车型定位为紧凑型SUV，其基础技术参数为：车身长度为4530mm，宽度为1860mm，高度为1628mm，轴距为2770mm。用户以25岁到39岁之间的人群为主。

结合客户的要求，将产品外形设计风格定位为：优雅的、时尚的和科技的。

7.2.2 手绘草图

第一步，起稿，确定好车体展示角度，精确其比例，画出车体大致的透视线，抓好大形，如图7-8所示。

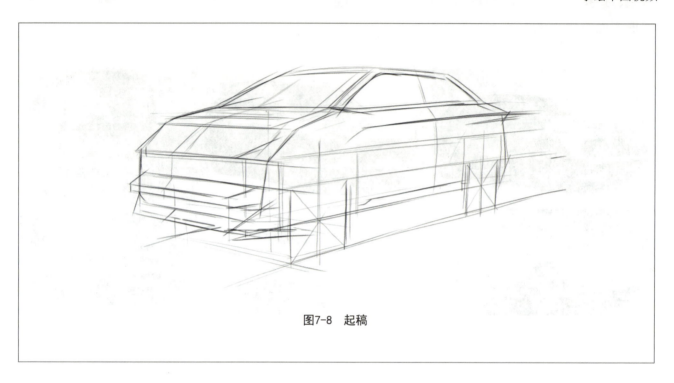

图7-8 起稿

第二步，确定好基本轮廓，将确定好的线条加重，把将要上色的位置用细线条勾出来，如图7-9所示。

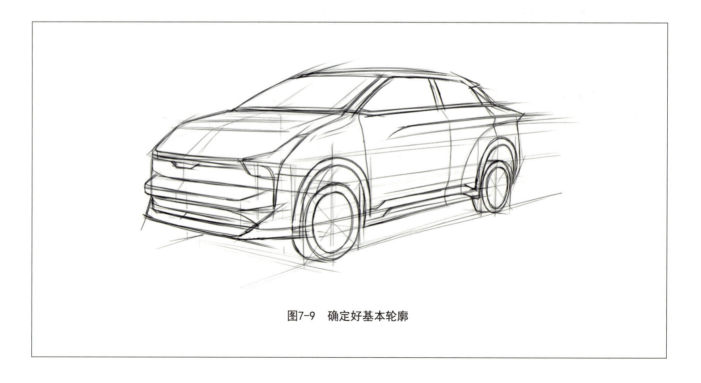

图7-9 确定好基本轮廓

第三步，新建图层，先涂基础色——淡蓝色，将这种颜色一次性涂好；再新建图层，降低这种蓝色的明度至蓝灰色，绘制阴影部分，如图7-10所示。部分反光区域由于倒影边缘比较尖锐，没有明显的渐变和过渡，因此可用【橡皮擦】工具擦出来，例如车顶盖部分的反光效果，如图7-11所示。

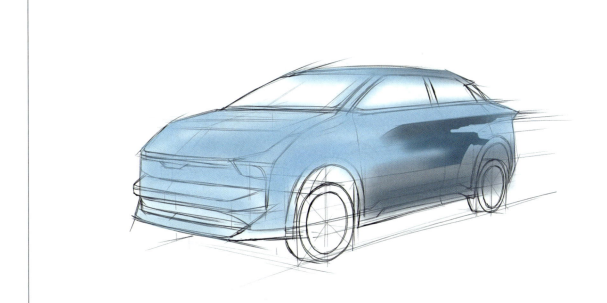

图7-10　绘制车身基本色部分

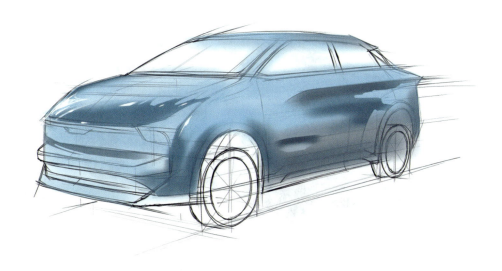

图7-11　绘制车身反光区域

第四步，用黑色喷笔分别画出挡风玻璃、车轮，以及附近黑色区域，如图7-12、图7-13所示。注意：画每一部分时，都需要新建图层。

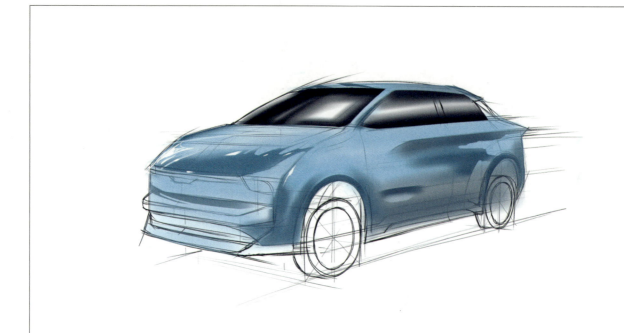

图7-12　绘制挡风玻璃

图7-13　绘制车轮部分

第五步，完善细节，绘制高光，如图7-14所示。

图7-14 完善细节部分

最终手绘效果图如图7-15所示。

图7-15 最终手绘效果图

7.2.3 2D效果图制作

①将草图导入Photoshop软件中，根据草图线条，使用【钢笔】工具绘制车身外部轮廓，如图7-16所示。

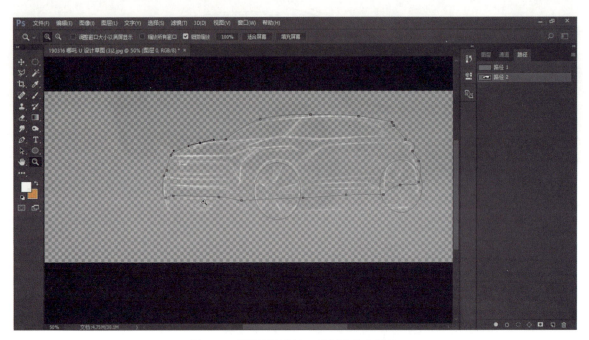

图7-16　利用【钢笔】工具创建路径轮廓

②为达到接近实际车辆外形的效果，如图7-17所示，可以选用实车照片附于选区内，利用【橡皮】工具擦除调整。借用相关的设计素材来增强车身的真实感。

图7-17　将实车照片导入草图轮廓选区

③为更好地表现车身的空间感，利用【钢笔】工具勾画出车身投影处的封闭区域，如图7-18所示。

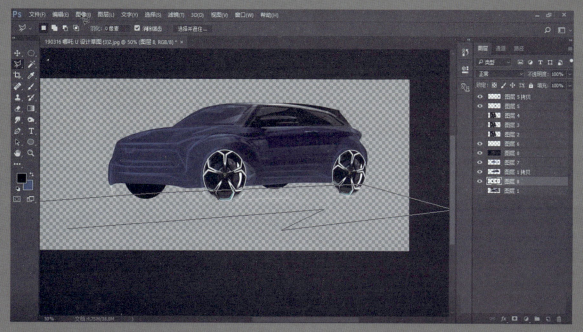

图7-18　勾画车身投影处的封闭区域

④如图7-19所示，对钢笔路径描绘的区域进行投影填充，形成投影色块，该色块用来衬托车辆的空间感，在后续过程中还会对该色块进行调整。对于顶部受光的部分，通过【减淡】命令，调整受光部分，提高相关部位的亮度，增强产品的立体效果。

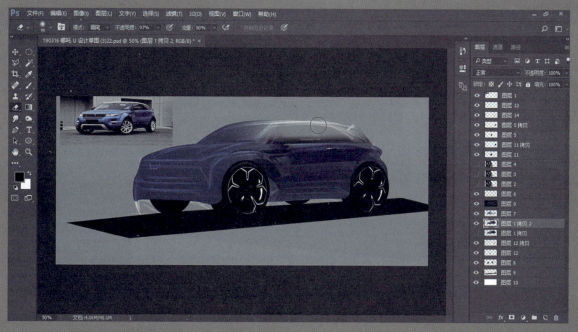

图7-19　处理投影、车轮效果及顶部高光

⑤如图7-20所示，利用【钢笔】工具建立选区，对前部灯具和中网部分用黑色进行填充。另外，对轮胎的高光部分进行亮度的描绘，增强轮胎的立体感。

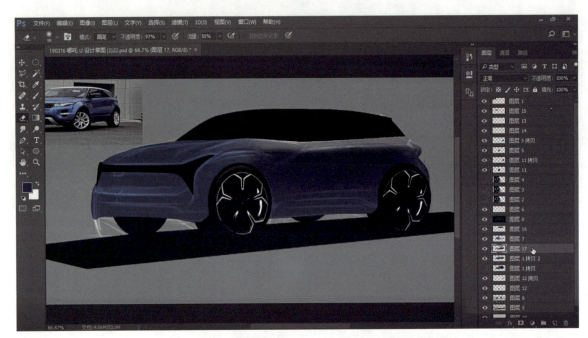

图7-20　车身主体部分的色块区分及棱角的修剪

⑥参考草图的线条，对车辆前部的保险杠等形态进行绘制，利用【钢笔】工具建立相关选区，使用【加深】或【减淡】命令调整相关的形态，完成的车头部效果图如图7-21所示。

图7-21　车头形态的绘制

⑦对车头部分细节进行绘制，以【钢笔】工具建立保险杠下部的装饰件的封闭区域，如图7-22所示。

图7-22　车头细节效果处理

⑧如图7-23所示，利用【渐变填充】命令，对前保险杠下部的金属部件进行绘制。利用【钢笔】工具绘制汽车的车身侧面裙边，表现出车体这个部分的面的转折变化。

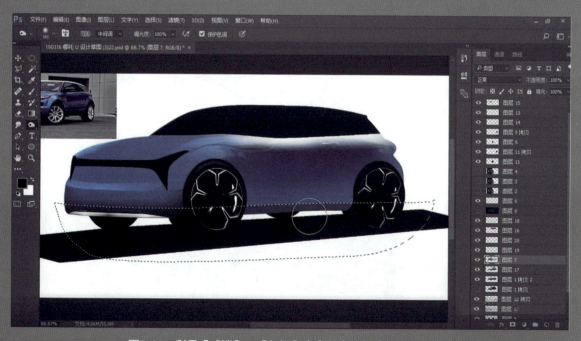

图7-23　利用【减淡】、【加深】命令做车头保险杠的金属效果

⑨用【加深】或【减淡】命令对车身的形态进行绘制，进一步加深相关的背光区域，提升受光区域的车身的亮度。进行相关的调整后的效果如图7-24所示。

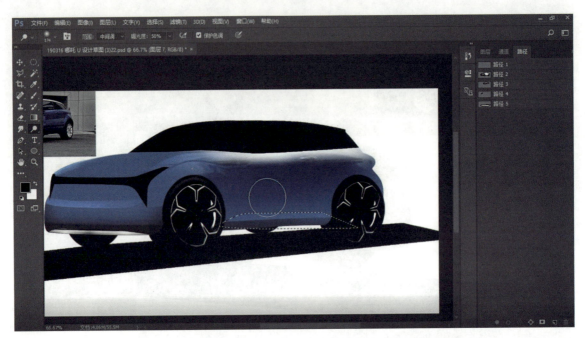

图7-24　利用【加深】或【减淡】命令结合路径进行效果处理

⑩借助【钢笔】工具对车身腰线、A柱等部位进行形态描绘。结合草图，对相关关键部件的转折效果进行绘制，形成符合设计预期的形态特征，具体如图7-25所示。

图7-25　绘制车身腰线、A柱等部位

⑪进一步找准车体A柱的位置，通过【加深】或【减淡】命令调整效果，并使用【加深】命令做出腰线的暗部特征。此外，利用【减淡】命令绘制出轮包立体效果，如图7-26所示。

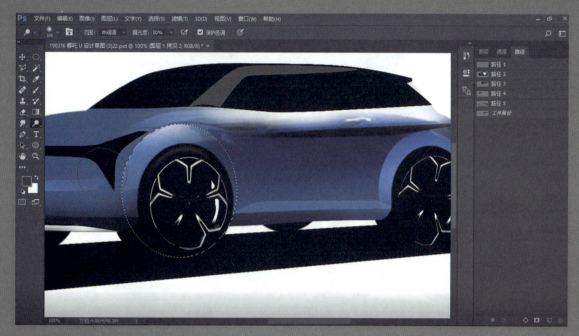

图7-26　用【减淡】命令绘制出轮包立体效果

⑫如图7-27所示，利用【选区】命令对车身前部上部的效果进行绘制，呈现出车身前部上部的受光效果。

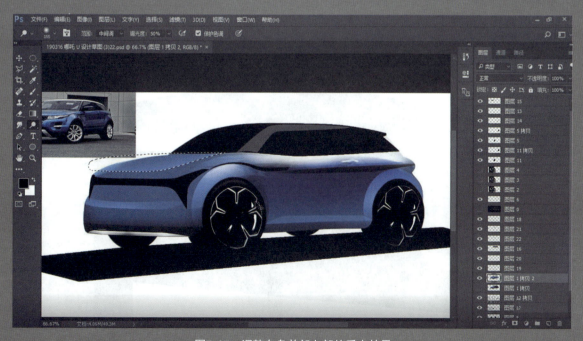

图7-27　调整车身前部上部的受光效果

⑬如图7-28所示，利用【填充】命令对汽车前风挡、A柱等部件的局部进行细节处理，主要表现上述部件的高光效果。

图7-28　绘制前风挡部分的高光

⑭如图7-29所示，使用【路径】工具对前翼子板等细节进行绘制，同时结合实际车辆的装配效果，绘制出侧窗、前门等部件的装配线，使车辆更真实。

图7-29　绘制前翼子板细节及车门缝

⑮如图7-30所示，通过创建出对应路径，利用【渐变填充】等命令完成车辆前部和上部的效果表现。

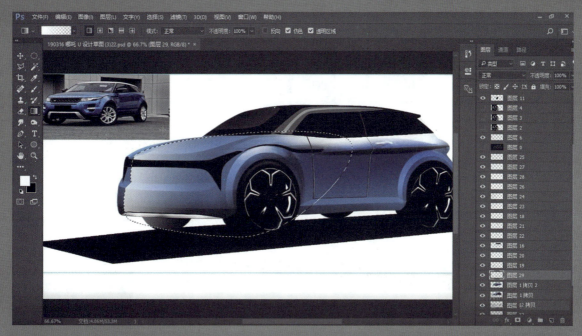

图7-30　车头主体部分的提亮处理

⑯如图7-31所示，利用【色块填充】命令对车身腰线等局部进行色彩调整，增强产品的色彩统一性。

图7-31　车身主体颜色及明暗的处理

⑰如图7-32所示，使用【橡皮】工具对填充后的局部进行擦除处理，让车身的整体效果更加真实，因为适当的艺术化处理可以提升产品效果图的感染力。

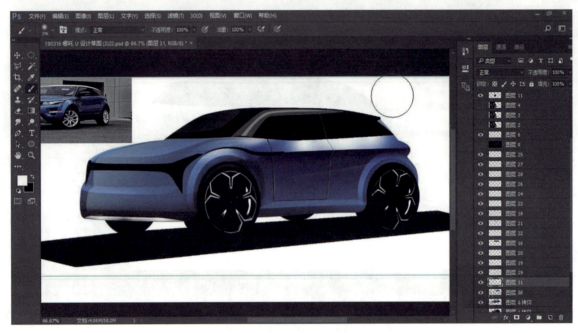

图7-32　调整主体色块的颜色及进行提亮处理

⑱如图7-33所示，利用【色相/饱和度】命令，对部分车身的色彩效果进行调整，让车身的整体效果更加符合设想。

图7-33　调整整车的色彩

⑲如图7-34所示，对车头的细节进行绘制，可以利用【路径】工具绘制前灯的内部结构，通过【填充】命令体现出内部灯具的组合。制作完前灯的内部结构后，利用【渐变填充】命令为大灯增加一个反光效果，增强车灯的立体感。

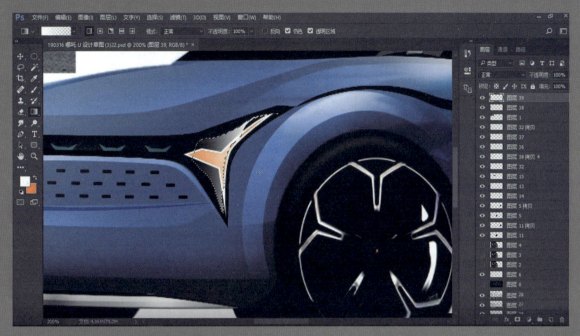

图7-34　车头细节的设计和处理

⑳如图7-35所示，导入一张实车的照片，通过降低透明度效果、使用【橡皮】工具擦除等方式，表现出该图片在车身上的反光效果。

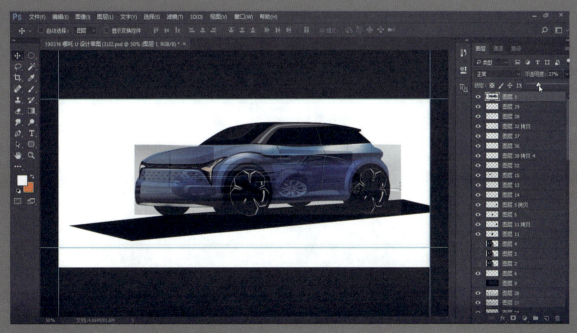

图7-35　贴图制作效果投影

㉑如图7-36所示，合并所有图层，利用【色相/饱和度】命令对车身色彩进行调整，让各个角度的效果图的色彩具有统一性。

图7-36　调出最终效果图与45°效果图进行色块的最终调整

㉒如图7-37所示，通过【选区】命令对车身局部进行细节描绘。在局部背光的部分，可以增加较暗的色块，从而提升暗处的丰富性，经过细节处理后的车身效果图更具有真实感和可欣赏性。

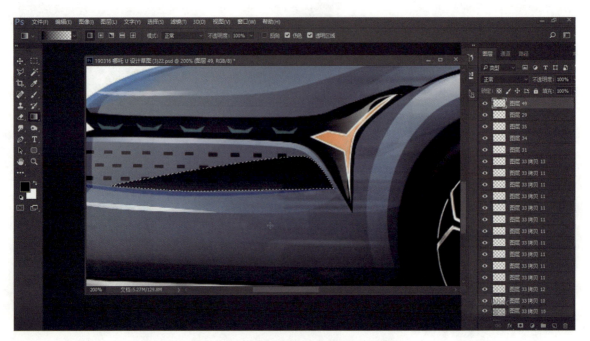

图7-37　补充细节高光及暗部效果处理

㉓如图7-38所示，导入车辆的品牌标志，完成车辆的倒影效果，同时对投影进行动感模糊处理。

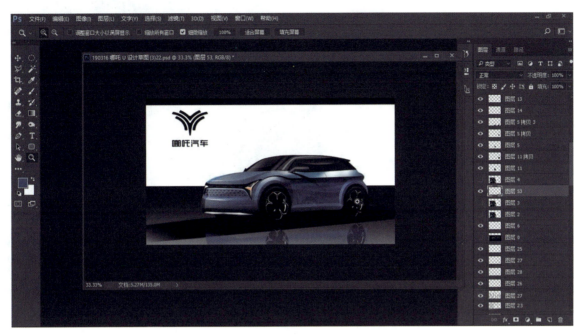

图7-38　制作出车辆的品牌标志及倒影效果

7.3

3D模型建构

3D模型建构视频

（1）三维模型

如图7-39所示，利用Rhinoceros软件完成越野车的三维模型制作。先对车辆整体进行建模，接下来对细节进行建模。

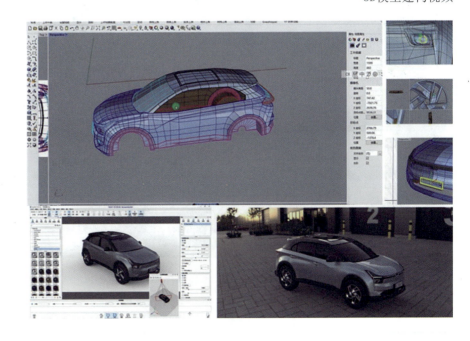

图7-39　越野车的三维模型

（2）产品三维效果图

使用KeyShot软件完成对车辆的三维渲染，在软件自带的场景中赋予车辆不同部件相应的材质。渲染后的效果图可以在Photoshop软件中进行细节的处理，通过增加对比度和明度等方式提升产品效果图的视觉冲击力。最终完成的越野车效果图如图7-40所示。

图7-40 越野车三维效果图

7.4

产品模型制作

制作油泥模型是检验越野车外形的重要步骤，如图7-41所示，产品的品质在油泥模型、硬质模型和展车的制作过程中得到了进一步的提升。

图7-41 油泥模型、硬质模型和展车的制作

最终实车效果如图7-42所示。

图7-42 实车效果图

7.5

越野车设计鉴赏

（1）Infiniti电动越野车

Infiniti（英菲尼迪）电动越野车（图7-43）的大小与宝马X1相仿，基于英菲尼迪全新电动车平台，承载最新设计语言，品牌首款电动车已于2019年1月14日在北美车展发布。

在设计方面，英菲尼迪QX Inspiration概念车外观敦实、圆润，并没有运用大量的线条，其独特的设计风格给消费者带来了更多的关于量产车的想象空间。

图7-43　Infiniti电动越野车❶

❶图片来源：www.carmagazine.co.uk. 2022-6-19.

（2）标致Quartz

标致Quartz车长4500mm、宽2060mm，采用插电式混合动力传动系统。在外形上，采用矿物灰与亚光黑的外饰配色，并以红色饰板点缀。在结构上，不再配备B柱，还使用剪刀门的设计，更加前卫、时尚。隆起的LED灯带凸显了前大灯，并具有分割气流的作用。前脸部分的散热格栅别具匠心，其采用方格纹工艺，在视觉上显得精致、典雅。

车身侧面的修长线条巧妙地展现了该款概念车的运动风格。车身的上半部分采用整体式设计，轮廓线延伸到后翼，玻璃车顶则装备了两块扰流板，强化了空气动力学设计。

图7-44　标致Quartz ❶

❶图片来源：www.powermagazine.sk.2022-6-19.

★ 项目考核

考核方法:
❶ 在规定时间内,完整表现一个越野车的设计方案,色彩比例协调,材质结构表达清晰。
❷ 参考指标:作品表现美度25%,表现技法应用25%,作品完成度25%,互动态度25%。

考核要点:
❶ 材质表现真实。
❷ 车身比例准确。
❸ 在熟练掌握以上知识的前提下,能够基本理解越野车产品设计。
❹ 熟练掌握Photoshop和Rhinoceros软件命令。

自学:越野车设计的要素及未来的发展趋势(建议学生提供分析报告)。

★ 项目学习的建议和条件

❶ 实际感受和观察越野车的特点和产品美学、比例等属性。
❷ 准备电脑和手绘工具等。

8. 卡车设计

⭐ **学习目标**

① 熟悉重型卡车的设计表现特点，加深对效果图表达的理解，提升图面表现的美学修养。

② 掌握市场调研的技巧，了解驾驶员、企业两方对重型卡车的要求。

③ 培养学生的沟通协调能力和团队协作能力及解决实际问题的综合能力。

⭐ **学习重难点**

① 重型卡车的结构和工艺特点；

② 重型卡车的设计流程和设计要素。

卡车设计解读

8.1

卡车产品分析研究

8.1.1 卡车的分类

　　卡车是商用车中一类重要的车型，按照载重量一般分为轻型和重型两种，也有分为轻型、中型、重型三种的说法，典型的车型如图8-1所示。

图8-1　轻卡和重卡

　　按照用途，卡车分为公路运输车、工程车及专用车。公路运输车包括牵引车和载货车，工程车包括自卸车、混凝土搅拌车等，专用车包括港口车、机场摆渡车、消防车、救护车、清扫车等。同一型号的卡车可分为运输车版和工程车版，它们的驾驶室主体相同。二者不同之处在于保险杠、脚踏板，工程车的保险杠较高较窄，而运输车的保险杠较宽大。原因在于，工程车工作路况差，需要有更好的爬坡通过性，因此保险杠下边缘离地面较高，保险杠也就相对较窄。

　　按照整体外形，卡车可分为长头型、平头型等（图8-2）。

长头型　　　　　　　　　　　　　　　　平头型

图8-2　长头型和平头型卡车

8.1.2 卡车产品的外形设计特点

卡车一般是公路运输的交通工具，具有机动灵活、周转速度快、装卸方便、对各种自然条件适应性强的特点；但卡车运输也有一定的限制，比如有运量小、耗能多、成本高、运费较高的缺点，只能运输距离近、量小的货物。

卡车的外形设计注重美学、方便维护和和空气动力学等多个方面的需求，其中，卡车的方便维护等体现了卡车的经济性能。外形的实用性是客户的首要需求，其次才是满足客户的心理需求、审美观念。因此，根据产品的实际功能制定设计方案，这是重型卡车的设计原则之一。

随着制造水平的不断提升，如今不同公司的重型卡车在硬件、功能方面的差距已经非常小。这也就意味着想要抢占市场，必须从功能性能转变到造型设计以及品牌特征的表达。

随着审美和认知水平的提升，卡车造型要能够表现出明显的功能属性。在外部设计方面，注重流畅的低风阻、机械科技感；在内部体验方面，关注更广阔的视野、更加舒适的驾驶空间，以及更高操控效率和驾驶安全。这种设计思路已经在国际上得到广泛的认可与应用。

8.1.3 卡车的外形分析

从外形构造上看，卡车由车身、底盘、货箱构成。通常来说，卡车由四部分组成：动力总成、底盘、车身及其附件、电子电器系统。如图8-3所示，重型卡车的外形部件包含多个重要的部分，外形设计的主要工作集中在前部，包含前保险杠、前大灯、进气格栅、前风挡、导流板和车门等部件。

图8-3　重型卡车的外形部件分析图

8.1.4 卡车的外形发展趋势

如图8-4所示，卡车的外形有两种发展趋势。第一种趋势是表现出硬朗风格并强调功能性，第二种趋势是表现出智能化和交互性的特点。

强调功能趋势

智能化趋势

图8-4　卡车的外形发展趋势

8.1.5 卡车品牌分析

（1）MAN

德国曼（MAN）集团成立于1758年，其总部位于德国慕尼黑，是欧洲领先的工程集团，世界500强之一，其主要业务包含卡车、客车和汽车零组件等。如图8-5所示，MAN卡车外形稳重、憨实，这种外形特点得到延续，并形成一定的外形设计元素来体现这种设计内涵。

图8-5　MAN重型卡车

（2）Volvo

沃尔沃集团（Volvo）是一家瑞典公司，创立于1927年。Volvo一词，本来为拉丁文，原意是"滚滚向前"。卡车作为其重用的商用车业务，在车辆外形上也体现出稳定的设计风格。如图8-6所示，从在售的产品到未来的概念设计，Volvo重型卡车外形始终利用稳定的造型元素来体现企业的价值追求。

图8-6　Volvo重型卡车

（3）国产卡车

国产卡车经过多年的发展也形成了一定的外形风格，以中国一汽和东风汽车为例，作为国产卡车的重要生产企业，它们为国家经济建设做出了重要的贡献，也逐步确立其相对明显的外形设计风格。相比较国外卡车，国产卡车更注重实用功能，因为外形对于销量的决定程度有限。但随着用户审美水平的提升和市场竞争的加剧，国产卡车还会进一步提升产品的外形设计水准，进而形成更加强势的产品品牌文化。图8-7为国内知名品牌的系列重型卡车产品照片。

图8-7　国产重型卡车

8.2

卡车外形升级设计（以一汽解放J5P为例）

8.2.1 设计背景

解放J5P（奥威）是当时一汽解放的主流车型，但再优秀的外形都会因时间的流逝而让用户产生审美疲劳，为了保持产品外形竞争力，需要对外形进行升级改进。改进范围为除了车门、轮罩、侧围之外的所有车身外覆盖件，如图8-8（a）所示，红色区域为不变部分。同时要求，加高顶盖（提高室内空间），并增加顶导流罩及侧导流罩（减少空气阻力，节油），见图8-8（b）绿色区域。

（a）　　　　　　　　　　　　　　　　　（b）

图8-8　解放J5P（奥威）外形分析

8.2.2 产品现状

解放J5是当时优秀的外形设计，曾有较好的市场反响，但随着同类产品的快速发展，解放J5外形设计需要与时俱进。

解放J5有外形精致的优点，但也存在以下问题，如图8-9所示。

局部线条过多　　　　遮阳罩造型不简洁、不时尚、形体孤立，通顶盖形体没有呼应关系　　　　顶盖侧装饰罩在整车造型中显得琐碎

图8-9　外形存在的问题

8.2.3 设计意象

根据前期的分析，结合解放品牌的风格，将产品的设计关键词确定为：威猛、现代、稳定、简洁。根据相关设计关键词，设计团队收集相关的设计意象图，如图8-10所示。

图8-10　卡车设计意象图

8.2.4 设计过程

J5P外饰外形升级设计包括构思草图、方案效果图、模型制作、A面数据、配合样车试制等过程。下面将对后面的各个过程予以描述。

构思草图阶段是创意灵感的源头，非常重要。效果图是外形设计方案的主要表现形式，因而对于外形设计方案，需精益求精，对多方案效果图进行多轮评审，并伴随过程调整，最终选出最佳方案。就量产车型而言，最佳外形方案是最美观的方案之一，但不一定是最美观、最前卫的，因为它将受到成本、工程可实现性、生产工艺要求等因素的制约。

J5P外饰外形升级方案评审及产生过程如下：

（1）设计草图

设计草图的步骤，如图8-11～图8-17所示。

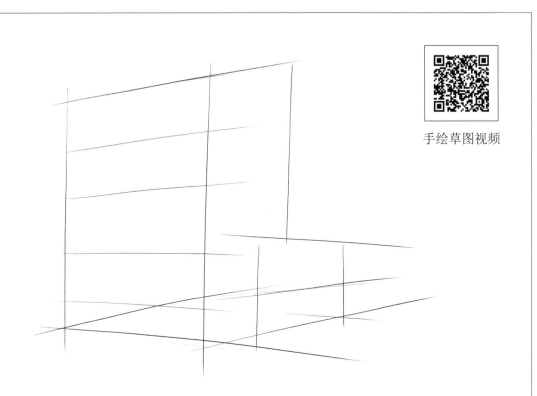

手绘草图视频

图8-11　起稿，结合透视的技巧，完成大致比例分割

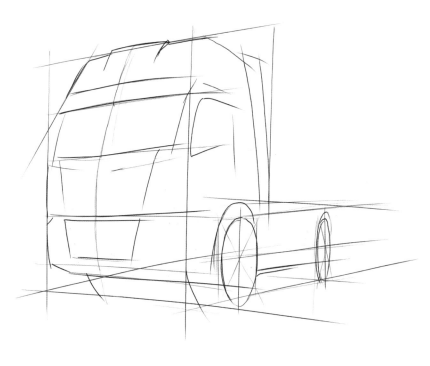

图8-12　结合外形的特点，大致确定基本功能形态的比例

图8-13　基于基本轮廓，对功能特征进行绘制，确定大致的形状和比例

图8-14　对需要强调的轮廓进行加重

图8-15　添加转折面部位的阴影

图8-16　增加细节处理

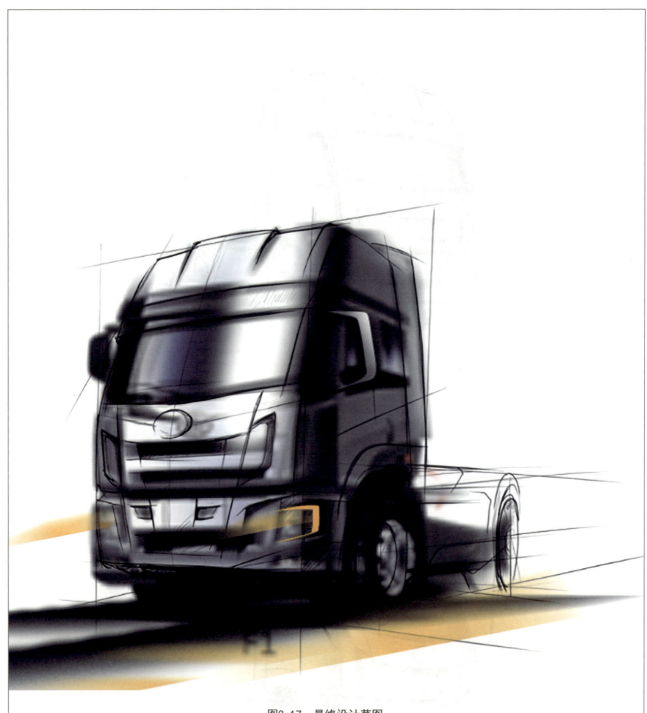

图8-17　最终设计草图

（2）第一轮效果图

外形总监协同外形部门从众多构思草图中优选出三套，绘制成方案效果图，要求各图颜色统一、比例准确，如图8-18所示。

A   B   F

图8-18　第一轮效果图

外形评审团队通过集体决策，选出其中的B和F方案进入下一轮。

（3）第二轮效果图

对B、F两个设计方案进行拓展、筛选、调整，共形成B、B1、F、F1、F2、F3六套方案，如图8-19所示。因顶盖加高以及外形优化，新车型比原有车型高大许多。

通过评审，F1为本轮选定的唯一方案。F1方案的前围通风格栅对原外形的继承，是F1方案被选中的重要因素之一。

原造型

B   B1   F

F1   F2   F3

图8-19　第二轮效果图

（4）调整选中方案

外形开发团队与工程团队对选中方案进行进一步调整，以满足外形优化、成本控制及可实现的要求。主要调整内容：①去掉前风窗下的电镀装饰件；②调整保险杠通风格栅；③单侧灯具合成一个组合大灯。

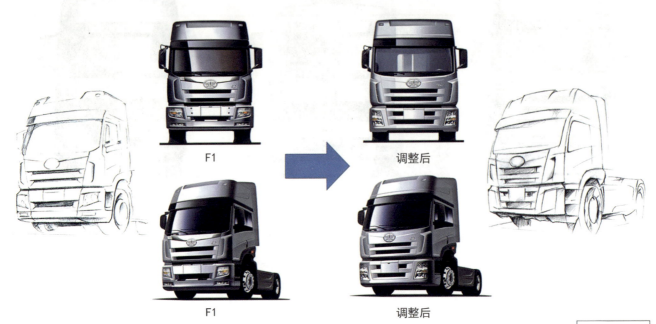

图8-20　调整选中方案

（5）2D效果图制作

①新建文件，分辨率设为300dpi，宽度与高度自定，如图8-21所示。

2D效果图
制作视频

图8-21　新建文件，设置参数

②使用【钢笔】工具勾勒出车辆的外轮廓，赋予其中间色，如图8-22所示。注意：不建议将中间色确定为纯灰色，可稍稍赋予其蓝色的色彩倾向；保存路径，后续会使用。

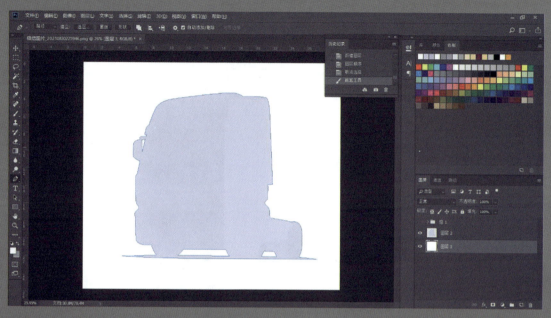

图8-22　勾勒外轮廓，赋予其中间色

③使用底色高光法对车辆黑色部件区域（车窗、轮胎、车灯和进气口等）填充黑色（作为底色），同时注意保存路径，后续可添加路径进行提亮，如图8-23所示。

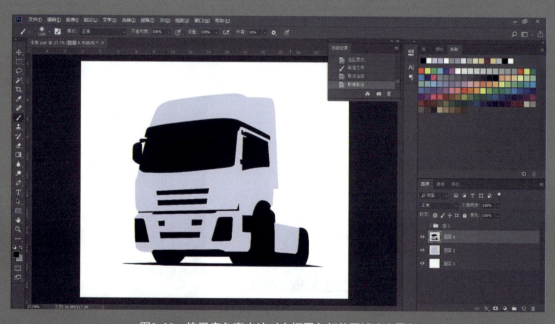

图8-23　使用底色高光法对车辆黑色部件区域填充黑色

④新建图层，使用【渐变】工具与描边路径功能（车辆明暗交界线）简单区分车辆明暗关系，赋予其明暗转折，如图8-24所示。在使用描边路径功能时，路径不需要闭合，建议先调节画笔的色彩与大小，便于生成明暗交界线。若颜色较深，可以调节图层透明度。

图8-24　用【渐变】工具与描边路径功能区分车辆明暗关系

⑤使用【钢笔】工具与【渐变】工具细致区分车辆明暗关系，注意明暗交界线从车顶至底盘连续不断，交界线的转折需注意层次变化，如图8-25所示。

图8-25　用【钢笔】工具与【渐变】工具区分车辆明暗关系

⑥由上至下使用【钢笔】工具与【画笔】工具丰富车头细节与转折，同时可以使用【描边】工具对车辆反光处进行提亮，注意光亮处不可过于白，如图8-26所示。

图8-26 使用【钢笔】工具与【画笔】工具丰富车头细节与转折，提亮反光

⑦使用【钢笔】工具与【画笔】工具简单勾勒出后视镜的细节与转折，注意受光面的朝向与明暗，如图8-27所示。因该处材质为亚光黑，所以黑白对比不可过于强烈。

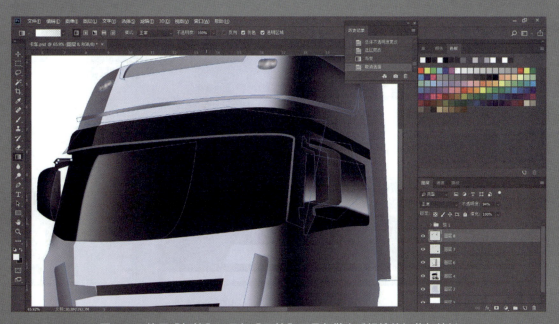

图8-27 使用【钢笔】工具与【画笔】工具勾勒出后视镜的细节与转折

⑧同理，刻画中部进气口的明暗转折，在其中置入车标，如图8-28所示。

图8-28 刻画中部进气口的明暗转折，在其中置入车标

⑨同理，刻画保险杠中部进气口的明暗转折，导入车灯素材，如图8-29所示。分模线起到点缀形体细节的作用，应置于所有图层之上，建议最后再添加。

图8-29 刻画保险杠中部进气口的明暗转折

⑩刻画出车辆侧面的细节，若前期侧面颜色偏深，可以通过【色阶】工具（Crtl+L）调节色阶来适当减淡。随后导入轮毂素材，将轮毂画出，如图8-30所示。

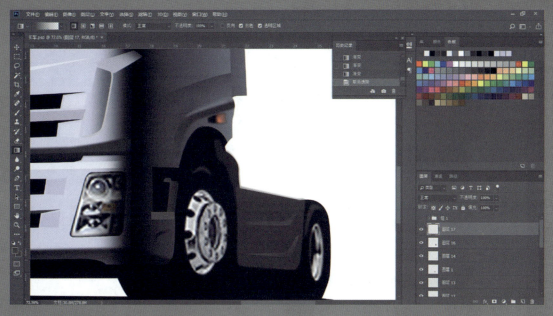

图8-30 刻画出车辆侧面的细节

⑪深入刻画车窗的效果，给予其一些环境反射光，如蓝灰色，丰富明暗关系以提升质感。同时，使用【钢笔】工具将雨刮器简单勾勒出来，如图8-31所示。

图8-31 刻画车窗的效果，运用【钢笔】工具勾勒雨刮器

⑫使用【钢笔路径】工具与【描边】工具，做出车头处分模线的效果，并用【橡皮】工具将多余部分擦除，如图8-32所示。建议【橡皮】大小尽量给得稍大，硬度给1%，这样擦出来的效果比较柔和，过渡平缓。

图8-32　勾出车头处分模线的效果

⑬车头最终效果如图8-33所示，部分细节可以通过【路径选区】与【画笔】工具配合完善，【画笔】工具硬度建议为1%左右。同时调节明暗关系，注意部分特别深与特别亮的地方，将这部分色调进行统一。

图8-33　车头最终效果

⑭使用【曲线】工具（Ctrl+M）调节右侧车门的明暗关系，以避免其过于灰暗，如图8-34所示。给右车门玻璃添加环境反射光，深化车门细节。

图8-34　使用【曲线】工具调节右侧车门的明暗关系

⑮使用上述介绍的方法添加车辆轮胎与油箱区域的细节，如图8-35所示。油箱为亚光材质，明暗对比不宜过于强烈。

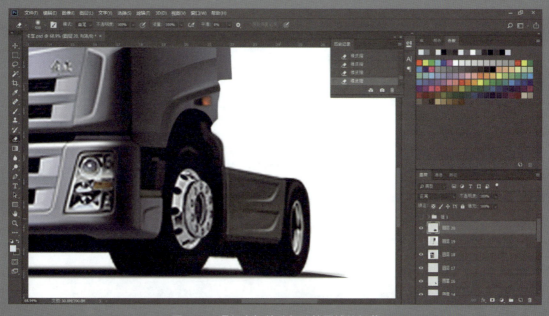

图8-35　添加车辆轮胎与油箱区域的细节

⑯整体调节一下效果，最终效果如图8-36所示。

图8-36　最终效果

（6）三维模型及油泥模型

①三维模型。

利用三维软件，基于油泥模型的扫描参数进行卡车的三维模型建构，完成最终的三维数据模型，如图8-37所示。

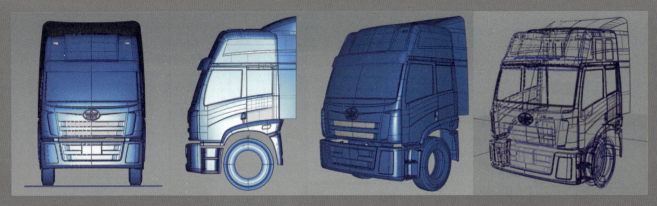

图8-37　三维模型

②油泥模型。

实体油泥模型制作是检验设计方案可行性的一个重要环节，通过实体模型，可以使产品的特征更真实化、鲜明化。在模型制作过程中，可同时进行设计目标、结构、生产性方面的分析研究。结合设计方案和三维数据，在实体模型制作过程中，以真车作为基础，利用油泥模型制作了1∶1的大模型。之后，对油泥模型进行了喷漆处理，以观察汽车整体造型的效果，对部分区域进行调整，获得最终的模型设计方案。油泥模型如图8-38所示。

图8-38　油泥模型

（7）样车制作

利用逆向扫描工具采集实体模型的数据，构建真实的卡车数据模型，在工程团队的配合下，完成样车的制作。样车如图8-39所示。

图8-39　样车

（8）设计拓展

①色彩设计。

同一产品会有不同的色彩，手机、汽车都是如此。例如，此解放J5P除了中国红之外，还有套色方案及其他颜色。

②家族化车型设计。

一汽解放产品除了J5P重卡之外，还有其他车型。其中，J5M中型车是与J5P重型车接近的车型，因此J5P的外形风格也被用于J5M，以达到产品外形的家族化风格统一目的（图8-40），并缩短开发周期。

J5P（重型车）　　　　　　　　　　　　　　　　　　　　　J5P套色版

J5P（中型车）　　　　　　J5M套色版　　　　　　J5M底顶盖版

图8-40　家族化车型设计

8.3
概念卡车设计鉴赏

Semi是特斯拉研发的电动半挂式卡车，拖车内装载的是特斯拉生产的电池组。

2017年11月17日，特斯拉在美国正式发布了Semi。2018年3月8日，Semi第一次被试用。Semi在外观设计上应用了空气动力学原理，将风阻降到最低，以实现节电的目的，如图8-41所示。

图8-41　Tesla Semi概念卡车

奔驰未来卡车2025揭开了未来运输系统的面纱（图8-42），提高了安全性，降低了油耗，并改善了专业卡车司机的工作条件。在外形设计方面，奔驰未来卡车不仅具有未来派的外观，还有全新的内饰。理念是少即是多。更少的控制，更多的行动自由。

图8-42　奔驰未来卡车2025外形图

★ **项目考核**

考核方法：

❶ 在规定时间内，完整表现一个城市客车的设计方案，色彩比例协调，材质结构表达清晰。

❷ 参考指标：作品表现美度25%，表现技法应用25%，作品完成度25%，互动态度25%。

考核要点：

❶ 材质表现真实。

❷ 比例准确。

❸ 在熟练掌握以上知识的前提下，能够基本理解重型卡车产品设计。

❹ 掌握Photoshop和Rhinoceros软件命令。

自学：重型卡车设计的要素及未来的发展趋势（建议学生提供分析报告）。

★ **项目学习的建议和条件**

❶ 实际感受和观察重型卡车的特点和产品美学、比例等属性；

❷ 准备电脑、手绘工具及油泥模型等。

参 考 文 献

● [1] WANG H J, CHENG J X. Styling Research of DFAC-6851H4E City Bus Based on Fuzzy Evaluation[C]//AHRAM T, KARWOWSKI W, VERGNANO A, et al. Intelligent Human Systems Integration 2020. New York: Springer, 2020:136-142.

● [2] DONNELLY B. The Emergence of Chinese-Influenced Design as an International Automotive Design Language[J]. Design Issues, 2020, 36(1):77-87.

● [3] HEKKERT P, MCDONAGH D. Design and Emotion[J]. Design Journal, 2003, 6(2):1-3.

● [4] ZEITHAML V A. Consumer Perceptions of Price, Quality, and Value: A Means-End Model and Synthesis of Evidence[J]. Journal of Marketing, 1998, 52(2):2-22.

● [5] 赵江洪，谭浩，谭征宇，等.汽车造型设计:理论、研究与应用[M].北京:北京理工大学出版社,2010.

● [6] 付璐.汽车车身造型设计美学研究[D].长春:吉林大学,2009.

● [7] 崔宜若，申晋宪，尹欢.基于感性工学的微型电动车前脸造型设计[J].太原理工大学学报,2020(3):471-477.

● [8] 刘雨航，王照祥，董波.重型卡车造型设计与品牌特征研究[J].汽车实用技术,2018(17):211-212.